생각이
꽃피는
토론 1

모든 공부와 통하는

**생각이
꽃피는
토론 1**

개정판 1쇄 발행 2023년 6월 12일

지은이   황연성

펴낸이   강기원
펴낸곳   도서출판 이비컴

편 집   김광택, 조선화
표 지   라이트북스
삽 화   김영진
마케팅   박선왜

주 소   (02635) 서울 동대문구 천호대로81길 23, 201호
전 화   02)2254-0658 팩 스 02)2254-0634
등록번호   제6-0596호(2002.4.9)
전자우편   bookbee@naver.com
ISBN   978-89-6245-211-2 (74370)
         978-89-6245-210-5 (세트)

ⓒ 황연성, 2023

• 책값은 뒤표지에 있습니다.
• 파본이나 잘못 인쇄된 책은 구입하신 서점에서 교환해드립니다.
• 이 책 내용의 일부 또는 전부를 재사용하려면 반드시 저작권자의 동의를 얻어야 합니다.

모든 공부와 통하는

생각이 꽃피는 토론 1

황연성 지음

이비락 樂

머리말

토론도 '백각이 불여일행'
- 백번 깨닫고 아는 것이 한 번 행하는 것만 못하다!

'수다냐 토론이냐.' 우리는 친구들과 토론하는 것보다 수다를 더 즐기는 편입니다. 수다 중에도 일정한 주제를 가지고 토론을 경험하면 사뭇 기분이 다릅니다. 수다는 토론의 밑거름이 될 수 있어요. 어찌 보면 수준 높은 수다가 토론은 아닐까요?

교육기관이나 학교에서도 '질문이 있는 교실'을 강조하고 있어요. 그래서 현 초등학교 5학년 국어 교과서에는 이 책 2권에 실린 '인공지능, 인류의 희망일까'도 실렸지요.

1, 2권으로 연결한 이 책은 총 13개의 디베이트 실전 사례와 1개의 원탁토론 사례를 소개하고 있어요. 현대를 살아가면서 미래를 바라보아야 할 청소년들이 한 번쯤 생각해 볼 만한 주제와 쟁점이 될 만한 주제의 독서토론까지 포함해서요. 또한 부모님이나 선생님 도움 없이 주도적으로 익힐 수 있는 장점을 최대한 살렸답니다.

책을 통해 토론을 즐기다 보면 어떤 일들이 생겨날까요?

사물의 본질과 현상을 멀리, 그리고 넓게 보는 눈과 무엇이 핵심인지를 분별할 힘을 키울 수 있어요. 지금 눈이 있는데 무슨 눈이 또 생기냐고 물어보고 싶지요? 재미 삼아 한 표현이지만 그런 눈은 육체의 눈이고, 디베이트를 포함한 토론을 통해 키워지는 눈은 '지혜와 마음의 눈'이라고 하는 '안목'을 말해요.

이 책은 초등 3학년부터 6학년 정도의 학생들이 나눌만한 주제들로 구성했어요. 교과서에서 다루고 있는 내용도 토론 주제로 삼아서 소개한 것도 이 책의 특징 중 하나지요. 책에 실린 실전 토론 내용은 초등학생 월간지 <독서평설>에 1년간 먼저 연재했으며 독자의 반응이 뜨거워 추가 보완을 거쳐 책으로 나오게 되었습니다.

또한 책 속 토론 사례는 <EBS 다큐프라임> '4차 산업혁명 시대 교육대혁명'에도 방영되었고, 예일초등학교 3학년부터 6학년까지의 학생들이 직접 토론 수업을 했던 내용입니다. 사례를 읽다 보면 창과 방패처럼 쌍벽을 이뤄 찬성 측과 반대 측에 서서 열띤 토론을 담당했던 학생들 모두 제가 가르쳤던 제자들이었고요. 이렇게 많은 학생이 토론 마니아가 되어 수업 시간마다 토론의 마력을 발휘하곤 했는데 그 학생들은 지금 중고등학교, 대학교는 물론 사회에 나가서도 토론을 통해 건강한 삶을 산다고 해요.

한번은 학생들에게 토론에 관해 여러 가지 질문한 것에 대한 대답을 들어봤어요.

"너희들은 디베이트가 왜 좋니?"
"디베이트를 하다 보면 친구들이 말하는 것을 분석해서 무엇이 옳고 무엇이 잘못됐는지 알게 되어 나름대로 올바른 판단을 할 수 있어서 좋아요."
"선생님께서 말씀해 주신 것처럼 어떤 주제에 대해 찬성과 반대로 나누어서 자료를 찾고 정보와 지식을 나누다 보니까 주제에 대해 여러 면에서 살펴볼 수 있어서 생각이 넓어지고 깊어지는 것을 느낄 수 있었어요."
"혹 수업 시간이나 평가할 때도 디베이트가 도움이 된다고 생각하니?"라고 물어보기도 했는데, "선생님, 정말 신기하게도 교과서나 다른 책을 읽을 때 이해가 더 잘 되고 쉽게 느껴져요." "저는 시험을 볼 때, 특히 국어나 사회 문제가 쉽게 이해돼요. 디베이트가 참 마법 같아요."
"다른 친구들도 디베이트를 통해 발전했을까?"
"저희 반 친구들 대부분 공부도 마음도 발전했어요. 수업 태도로 그렇고 친구끼리 서로의 입장을 이해하게 되니까 다툼도 거의 없어요."
"사물과 현상을 두루두루 살피는 생각을 무엇이라고 했지?"
"예, 비판적 사고력이요."
"맞았어. 좋아요. 역시 최고야!"

이 책은 처음부터가 아니라도 자신이 관심 있거나 읽고 싶은 주제부터 읽어 보길 권합니다. 또한 친구들과 팀을 짜서 읽어 봐도 좋겠지요? 읽는 것보다는 말하기 형식으로 읽어 보세요. 토론은 읽기가 아니라 말하고 듣는 것이니까요.

자기 분야에서 성공했다고 평가받는 사람들은 그 분야에 전문적인 실력을 갖췄고 다른 사람들의 입장을 공감하고 토론을 통해 설득하고 조정할 줄 아는 기술을 가지고 있어요. 디베이트는 이런 실력과 소통의 힘을 키워주는 신비한 마력이 있어요. 이 책을 통해 학교와 일상에서도 토론을 즐겨서 자신의 존엄성을 인정받고 가치 있게 살아갈 수 있는 사회를 만드는 훌륭한 인재가 되길 진심으로 바랄게요.

2023년 5월
황연성 드림

차례

- 제1권 -

1장 디베이트가 뭔가요?
– 알고 하면 더 재미있는 디베이트

01 디베이트 전체를 살펴볼까요? _010
02 논제는 토론 자동차의 핸들과 같아요 _014
03 찬성 측과 반대 측 정하기,
   자신의 주장을 뒷받침할 근거 자료는 어떻게 찾을까요? _018
04 디베이트의 첫 단계인 입론을 알아봐요 _021
05 디베이트의 꽃, 반론에서 성공하려면? _025
06 최종 변론에 대해 알아봐요 _029
07 판정에 대해 알아봐요 _033
08 디베이트 대회, 이렇게 하면 잘할 수 있어요 _036

2장 실전토론을 위한 핫이슈 논제 6가지
– 실전을 익히면 토론이 쉬워요

2-1 도덕과 종교
01 인간을 위한 동물실험, 해야 할까? _042
02 심청은 효녀일까? _056
03 채식주의, 건강한 생활 습관일까? _070

2-2 법과 범죄
04 홍길동은 범죄자일까? _088
05 인터넷에서 실명을 사용해야 할까? _106
06 안락사, 인정해야 할까? _120

· 《신나는 토론 맛있는 공부》 시리즈 1, 2권 특성상 각 권의 차례를 함께 실었습니다.

- 제 2 권 -

1장 실전토론을 위한 핫이슈 논제 8가지
– 실전을 익히면 토론이 쉬워요

1-1 건강, 과학, 기술
01 인공지능, 인류의 희망일까 재앙일까?
02 과학 기술의 발전이 행복을 가져다줄까?
03 원자력발전소, 늘려야 할까?

1-2 교육, 문화, 스포츠
04 초등학생의 스마트폰 사용, 제한해야 할까?
05 컴퓨터 게임, 초등학생 스스로 조절할 수 있을까?
06 촌락, 도시의 삶, 어느 곳에 사는 것이 더 행복할까?
07 장난감 무기와 전쟁놀이에 대한 나의 생각
08 명품 소비 욕망은 그릇된 생각일까?

2장 재미있는 토론 형식을 배워요
– 토론, 디베이트를 만나면 더 잘할 수 있어요

01 영화를 보고난 뒤 토론 해봐요
02 모의재판 형식으로 토론할 수 있어요
03 책을 읽고 토론해 봐요
04 원탁토론은 더 재미있어요

부록 디베이트를 위한 활용 서식 모음
01 판정 기준표
02 학습지
03 개인별 발표 준비표
04 사회자 멘트
05 원탁 토론 학습지
06 원탁토론 사회자 멘트

1장 디베이트가 뭔가요?
- 알고 하면 더 재미있는 디베이트

01 디베이트 전체를 살펴볼까요?
02 논제는 토론 자동차의 핸들과 같아요
03 찬성 측과 반대 측 정하기,
   자신의 주장을 뒷받침할 근거 자료는 어떻게 찾을까요?
04 디베이트의 첫 단계인 입론을 알아봐요
05 디베이트의 꽃, 반론에서 성공하려면?
06 최종 변론에 대해 알아봐요
07 판정에 대해 알아봐요
08 디베이트 대회, 이렇게 하면 잘할 수 있어요

01 디베이트 전체를 살펴볼까요?

1 디베이트 학습이란?

디베이트(debate)는 한 가지 논제를 놓고 찬성 측과 반대 측, 사회자, 판정인으로 나뉘어 엄격한 규칙에 의해 벌이는 찬반 대립 토론이에요. 디베이트 학습이란 이런 디베이트의 장점과 기본 형식을 학습에 이용하는 것이지요.

2 디베이트 학습을 하면 무엇이 좋을까?

디베이트의 기본은 논리적으로 말하기입니다. 따라서 꾸준히 훈련하다 보면 언어력이 향상되지요. 논제에 대해 치밀하게 분석함으로써 사고력도 발달하고, 스스로 올바른 가치관을 형성할 수 있는 능력을 키울 수 있습니다. 학생이 직접 참여하기 때문에 학습 의욕이 높아지는 것은 물론이지요. 끝으로 민주주의 사회에 참여하는 기본 능력을 키우고, 합리적인 의사 결정 방법을 익히게 됩니다.

3 디베이트 주제, 어떻게 찾을까?

토론 주제를 '논제'라고 합니다. 다양한 분야에 걸쳐서 찬성과 반대의 입장이 나뉠 수 있는 디베이트 주제를 말하지요. 그렇다면 어떤 것이 좋은 논제일까요? 먼저 논쟁성, 즉 찬반 의견을 다툴 거리가 있어야 합니다. 그리고 하나의 중심 생각을 나타내야 하지요. 좋은 논제는 토론자들은 물론이고 판정인과 방청인 모두의 관심, 필요와 목적이 반영되어야 합니다. 그리고 논제를 정할 때는 참가자들의 수준에 맞는지, 필요한 자료들을 찾아보기 쉬운지 등을 고려해야 하지요. 또한 논제는 시의성이 있어야 합니다. 시의성이란 그 시대의 상황에 알맞은 사회적 필요성을 띤 문제들을 말해요. 마지막으로 논제는 찬성 측을 기준으로 했을 때 긍정형의 진술로 이루어져야 합니다. 예를 들면, '초등학생의 스마트폰 사용을 제한해야 한다.'라는 긍정적 진술 대신, '초등학생의 스마트폰 사용을 제한하면 안 된다.'라는 부정적 진술을 사용해서는 안 된다는 것입니다.

알아두자, 논제의 3가지 종류

1. **정책 논제**: 행동의 변화를 추구하는 것으로, '~을 해야 한다' 또는 '~을 하지 말아야 한다'를 묻는 논제
   예) 일본은 강제로 빼앗아 간 우리의 유물을 돌려주어야 한다.

2. **가치 논제**: 어떤 것에 대해 옳고 그른 것 또는 좋고 나쁜 것을 가리는 논제
   예) 과학 기술의 발달은 인간을 행복하게 만들었다.

3. **사실 논제**: 사실인가 아닌가를 살펴보는 논제
   예) 체육 수업을 줄이면 초등학생들의 체력이 떨어진다.

4 디베이트, 이렇게 해요!

1단계 입론 – 주장 펼치기

입론은 논제에 대한 자기 측의 주장을 내세우는 것을 말해요. 앞으로 하게 될 반론 단계의 기초가 되고, 최종 변론 단계의 바탕이 되지요.

2단계 1차 작전 타임

반론을 하기 전에 입론에서 다루었던 내용들을 점검하여 상대 측에게 반박하거나 질문할 내용을 협의해요.

3단계 반론 – 반박 및 교차 질의하기 *디베이트의 꽃

상대 측이 주장했던 내용 중 논제에 부적합하거나 오류가 있다고 생각되는 것들에 대해 반박하거나 질문해요. 다음과 같은 요령으로 진행하면 좋아요.

첫째, 질문을 짧게 해요. 둘째, 상대 측에 '예, 아니오.'라고 대답을 요구할 수 있고, 상대 측의 답변 도중에 "예, 잘 알겠습니다. 답변을 그만 듣겠습니다."라고 제지할 수도 있어요. 셋째, 상대 측이 주장했던 내용 중 쟁점_{서로 옳다고 다투는 중심 사항}이 될 만한 것들에 대해 가능하면 모두 물어보고 반대 의견을 제기해요.

4단계 **2차 작전 타임**

　최종 변론 단계에서 자기 측의 주장을 더욱 단단하게 다지도록 협의해요.

5단계 **최종 변론 – 주장 다지기**

　이 단계에서는 입론과 반론 과정에서 오류가 있거나 부적합하다고 지적받은 내용들 중 맞다고 여기는 것을 솔직하게 인정하는 게 좋아요. 또 타당성을 확실하게 인정받은 내용들은 보강_{보태거나 채워서 본디보다 더 튼튼하게 함} 해서 자기 측 주장이 더욱 옳다는 점을 강조한답니다.

6단계 **판정**

　양 팀이 자기 측 입장에서 주장을 잘 이끌어 가고 있는지 확인해요. 그리고 입론, 반론, 최종 변론 단계에서 각 측이 주장하는 내용을 뒷받침하는 근거나 사례의 양과 질 등을 차분하게 검토해야 하지요. 팀워크와 예절 등도 점검하지요..

많은 정보와 자료의 뒷받침이 필요한 논제라면 디베이트를 실시하기 일주일 전이나, 열흘, 또는 2주일 전에 알게 되면 좋아요. 그러면 남은 기간 자신이 주장하고 싶은 의견과 그것을 뒷받침할 자료들을 철저하게 준비할 수 있지요. "자료와 정보의 수준이 디베이트의 수준이다."라는 말이 나올 만큼, 디베이트에서는 자료 준비가 무척 중요하답니다.

"부모님의 잔소리는 자녀들의 생활에 도움이 된다." 혹은 "선의의 거짓말은 필요하다." 등과 같이 일상생활을 다루는 논제들은 즉석에서 디베이트를 할 수 있어요.

♠ 3가지 논제 유형

정책 논제

'교내에서 학생들의 휴대전화 사용을 허용해야 한다.', '초·중학교 학생들에게 전면 무상급식을 실시해야 한다.'와 같은 논제들은 사실과 가치 판단에 기초하여 행동의 변화를 꾀하는 정책 논제에 해당합니다. 주로 어떤 것에 대하여 '~을 할 것인가?' 또는 '~을 하지 말 것인가?'를 묻는 형태의 논제를 말하지요.

정책 논제를 다룰 때는 제삼자의 입장이 되어 토론하므로 토론자의 정체성과 인격을 보호받을 수 있는 장점이 있습니다. 그와 동시에 날카로운 반박을 해도 상대 측의 감정을 해치지 않을 수 있습니다. 또한 대부분 사회적으로 많이 논의되는 주제들이기 때문에 자료를 쉽게 찾을 수 있다는 장점이 있지요.

정책 논제를 가지고 디베이트 할 때는 어떤 것을 꼭 다루어야 할까요? 어떤 정책에 대하여 찬성 측에서는 그 필요성에 대해 설득하고, 반대 측에서는 불필요성에 대해 이야기하게 됩니다. 어떤 정책을 세울 때는 그 정책이 '꼭 필요한가?'를 먼저 고려해 봐야 하기 때문입니다.

 2 가치 논제

'서로의 별명을 부르는 것은 친구 관계에 도움이 된다.', '만화는 우리 사회에 매우 유익하다.' 와 같이 옳은지 그른지, 좋은지 나쁜지 등 가치관과 사고방식의 차이를 논하는 논제를 가치 논제라고 합니다. 가치 논제는 토론자의 개인적인 가치관과 매우 밀접한 관계가 있기 때문에, 다른 사람이 마음대로 입장을 정해 주기보다는 토론자 자신의 판단에 의해 입장을 선택하는 것이 바람직합니다. 이러한 가치 논제를 가지고 토론함으로써 이제까지 자기가 지녔던 신념을 수정하거나 다지고 유지하고 발전시킬 수 있습니다.

가치 논제에는 다음 세 가지가 꼭 필요합니다. '만화는 우리 사회에 매우 유익하다.'라는 논제를 예로 살펴볼까요? 첫째, 논제에서 다루는 용어의 개념과 범위를 명확하게 정의해야 합니다. 예를 들어, 만화의 개념에 애니메이션이나 만화와 관련한 산업도 포함할 것인지 정해야 합니다. 둘째, 토론자들 사이의 가치관 차이를 분명히 드러낼 수 있어야 합니다. '만화는 우리 사회에 매우 유익하다.'라는 논제의 경우, 만화를 읽음으로써 창의성이 향상되는지 아니면 오히려 퇴화_{진보 이전의 상태로 되돌아감}되는지, 또는 독서 습관이 강화되는지 아니면 약화되는지에 등으로 토론자들의 입장이 분명히 나눠지겠지요.

셋째, 어떤 관점에서 볼 것인가 하는 판단 기준이 명확해야 합니다. 예를 들어, 만화가 유익한지 여부를 학생들 기준으로 판단할 것인지 아니면 사회인 모두를 중심으로 판단할 것인지 정해야 하지요.

3. 사실 논제

사실 논제는 어떤 것의 참과 거짓을 확인하는 논제를 말합니다. '미국의 F·루즈벨트 대통령은 일본의 진주만 공격을 미리 알고 있었다.'와 같이 아직 진실이 밝혀지지 않은 역사를 놓고 이야기하는 것은 물론 '한국의 실업률은 높은 편이다.' 혹은 '한국과 미국의 FTA는 한국에 많은 도움을 준다.' 등 현재의 문제에 대한 것도 사실 논제에 해당합니다.

사실 논제를 가지고 디베이트를 할 때 주의할 점은 자기 측의 주장을 뒷받침할 수 있는 근거와 사례들을 철저히 조사해야 한다는 점입니다. 사실 논제를 가지고 토론할 때 주된 판단 기준이 증

거의 진실성 여부이기 때문입니다. 단, 역사적 사실을 가지고 토론할 때는 단지 사실 그 자체만을 다루는 것이 아니라는 점을 주의해야 합니다. 그 역사적 사실이 오늘날 갖는 의미나 교훈 등과 같은 가치 논쟁으로 발전할 수도 있기 때문이지요.

3가지 논제 유형	정책 논제 – 할 것인가 말 것인가
	가치 논제 – 옳은가 그른가
	사실 논제 – 참인가 거짓인가

03 찬성 측과 반대 측 정하기, 자신의 주장을 뒷받침할 근거 자료는 어떻게 찾을까요?

1 찬성 측과 반대 측은 어떻게 정할까?

　디베이트의 목적은 하나의 논제에 대해 여러 각도로 다양하게 생각하는 능력을 기르는 것입니다. 따라서 찬성과 반대 중 어느 입장에서든지 주장을 펼칠 힘을 키워야 하지요. 토론 대회에서는 대회 당일 동전 던지기로 찬성과 반대 측을 정합니다. 그리고 결승전에 올라갈 때까지 단계마다 찬성 측과 반대 측을 골고루 경험하지요. 이때 2명이나 3명 혹은 그 이상의 학생들이 같은 팀이 되어 토론하는데, 각 팀원끼리 협력해야 재미있고 알찬 토론이 이루어집니다.

　만약 축구나 농구 경기에서 팀별로 실력 차이가 벌어지면 경기가 어떨까요? 재미없겠지요? 디베이트 할 때 역시 각 팀원의 수준 차이가 가능한 한 적고 토론에 참여한 모든 학생이 공정하다고 느끼도록 팀을 구성해야 합니다.

주장을 뒷받침할 근거 자료 찾기

　디베이트 하기 전 논제가 미리 제시될 경우, 찬성 측과 반대 측 주장을 뒷받침하기에 알맞은 자료를 수집해야 합니다. 조사할 때는 먼저 온라인에서 찾아본 후, 인터넷상에서 자료화되어 있지 않은 것들은 오프라인에서 이를 확인하고 보충하는 것이 효율적입니다. 인터넷에서 찾아낸 자료들은 신뢰성과 정확성이 떨어질 수 있으므로, 참고도서나 각종 논문 등을 통해 확인해 보면 더욱 믿을 수 있고 근거가 충분한 자료를 준비할 수 있어요. 또한 관련 전문가를 인터뷰하거나 해당 분야의 사람들에게 설문조사를 해보는 것도 좋은 방법입니다. 필요한 경우에는 관련 기관을 직접 방문하여 자료를 요청할 수도 있습니다.

하나의 주장에 대해 '왜'라는 질문을 계속하면서 관련한 자료를 찾고, 중복되는 내용이 없는지도 확인합니다. 자신이 경험한 사례가 있다면 잘 정리해 자료로 사용하고, 상대의 주장에 반박할 수 있는 전문가 의견이나 통계 자료들을 미리 준비해 두는 것이 좋지요.

그 외 자료 수집 카드를 만들어 정리할 수도 있습니다. 자료 수집 카드를 작성할 때에는 다음과 같은 사항들을 생각해 두어야 한답니다.

첫째, 먼저 찾아놓은 자료의 종류를 밝혀야 해요. 단행본, 논문, 보고서, 신문 기사, 인터뷰, 설문조사, 동영상 자료 등이 여기에 해당합니다. 단행본이나 논문의 경우에는 저자, 책 제목, 출판사, 발행 연도 등을 적고, 신문 기사의 경우에는 신문 이름, 기사 제목, 게재 연월일 등을 적어 놓습니다. 자료의 출처가 불분명한 경우에는 주장의 신뢰성을 떨어뜨릴 수도 있기 때문에 조심해야 해요.

둘째, 자료들을 쟁점별·중요도별로 정리해 놓으면 디베이트가 진행되는 동안 쉽게 활용할 수 있지요.

셋째, 각각의 자료들을 어느 시점에 활용할지 정해 놓으면 좋겠지요? 특히 재반론할 때를 대비하여 일목요연하게 한번 보고 단박에 알 수 있을 만큼 분명하고 뚜렷하게 정리된 자료를 만들어 놓으면 긴장하지 않고 토론에 임할 수 있습니다.

디베이트에서 근거 자료 찾는 방법!

- ♣ 디베이트를 하기 전에 같은 팀끼리 예비 토의를 해서 쟁점을 뒷받침할 자료들을 수집한다.
- ♣ 온라인을 통해 자료를 찾아본 후, 오프라인에서 이를 확인하고 보충한다.
- ♣ 인터넷에서 자료를 조사할 때는 논제의 핵심어를 포털 사이트에서 찾아보고, 각종 언론사 사이트나 토의·토론 게시판에서 검색해 본다.
- ♣ 오프라인에서 자료를 조사할 때는 도서관에서 관련 서적·논문을 찾거나 전문가와 인터뷰를 해 본다.
- ♣ 찾아 놓은 자료의 종류와 자료의 출처를 기록한 자료 수집 카드를 작성한다.
- ♣ 자료가 중복되거나 모순되지 않도록 자료의 목록을 정리한다.

04 디베이트의 첫 단계인 입론을 알아봐요

 입론이란 무엇일까요?

디베이트를 할 논제를 가지고 찬성 측과 반대 측, 그리고 판정인이 정해지면 각 측의 주장과 그것에 대한 근거들을 정리해 토론 내용을 구성합니다. 그런 다음 본격적인 디베이트에 들어가는데, 가장 먼저 이루어지는 단계를 '입론'이라고 하지요. 입론의 '입' 자는 이야기를 시작한다는 '들 입(入)' 자로 생각하기 쉽지만, 자신의 주장이나 의견을 내세운다는 뜻의 '설 립(立)' 자랍니다.

입론할 때는 논제의 종류에 따라 내용이 조금 달라질 수 있지만 공통으로 해야 할 일들이 있습니다. 바로 논제를 해석하여 용어의 개념이나 정의를 나타내고, 그것을 논제로 삼은 배경을 밝혀야 하지요.

 **입론, 어떻게 해야 할까요?**

입론에는 꼭 다루어야 할 내용들인 필수 쟁점이 포함되어야 합니다. 또한 논제에 대한 찬성과 반대의 입장이 분명하게 드러나야 하지요. 그래야 상대 측과 찬반 토론을 진행해 나갈 수 있으니까요. 입론에서 주장을 뒷받침하는 근거들은 몇 가지 정도가 좋을까요? 세 개 또는 네 개 정도 제시하면 내용이 알차진답니다.

주장에 대한 근거를 어떻게 제시해야 할까요? 주장과 그것에 대한 근거, 그리고 그에 따르는 세부 근거와 사례들을 덧붙이는 것이 효과적이지요. 어떤 주장에 대한 근거를 하나 선정하고 그것을 뒷받침하는 세부 근거 및 사례가 준비됐다면 다음과 같은 얼개로 말하면 좋아요.

> "~과 같은 논제에서 우리는 ~을(를) 지지합니다. 그 이유는 첫째, 근거 1이기 때문입니다. 이 근거 1은 세부 근거 1, 2, 3을 통해 확인해 볼 수 있습니다. 그것을 뒷받침하는 사례 1, 2, 3만 보아도 그렇습니다."

예를 들어 볼까요? '만화는 우리 사회에 유익하다.'라는 논제로 토론할 때, 찬성 측 입론 내용은 다음과 같이 구성하는 것이 좋습니다.

> ① 저희 찬성 측은 만화는 우리 사회에 유익하다고 주장합니다.
> ② 그 이유는 첫째, 독서하기를 싫어하는 사람에게도 재미있고 유익한 만화책을 읽다 보면 자신도 모르게 독서하는 시간이 늘어나게 됩니다(근거).
> ③ 컴퓨터가 널리 사용되면서 활자로 된 책을 읽기 싫어하고 컴퓨터 게임을 즐겨하는 학생들이 늘고 있습니다. 하지만 만화책을 읽게 되면 그 학생들조차도 자리에 오래 앉아서 독서하는 습관이 자연스럽게 형성됩니다(사례).
> ④ 만화책을 통해 우리 사회 구성원들이 독서하는 습관을 기를 수 있기 때문에, 만화는 우리 사회에 유익하다고 생각합니다(연결 고리).

앞의 예를 통해 입론은 '주장-근거-사례-연결 고리'의 틀로 이루어져 있음을 알 수 있습니다. 여기서 ③과 같은 구체적인 사례는 ②가 참이라는 것을 증명하기 위해 필요하지요. 그리고 ④는 ①과 ②가 논리적인 연관성을 갖게 하는 역할을 합니다.

　앞에서 예를 든 것 말고 다른 방법으로도 주장할 수 있어요. 더 많은 사례들을 제시하여 주장을 뒷받침할 수도 있지요. 하지만 주장과 근거가 서로 관련 있음을 설명하는 연결 고리는 꼭 필요한 요소랍니다. 이를 통해 상대 측을 더욱 쉽게 설득할 수 있기 때문이지요.

토론은 새로운 아이디어를 만드는 일등공신입니다. 질문은 서로 아이디어를 교환하게 하는 가장 좋은 도구입니다

<뉴욕타임스>는 2015학년도 미국 대학교 중에서 교육 내용이 가장 잘 짜인 곳으로 세인트존스 칼리지를 뽑았다고 해요. 미국 뉴멕시코 주 산타페, 메릴랜드 주 아나폴리스 2곳에 캠퍼스가 있는 이 학교는 재학생이 1,000명이 채 되지 않는 작은 대학교입니다.

세인트존스 칼리지에서는 1학년 때부터 4학년 동안 총 100권의 고전을 읽고 토론을 진행한다고 해요. 고전을 읽고 토론하는 것의 최대 장점은 단순한 생각을 넘어선 깊은 생각, 즉 '진짜 생각'을 하게 한다는 점이지요. 제대로 된 토론은 몇몇 똑똑한 학생들이 이끌어가는 것이 아니라, 참가한 학생 모두가 적극적으로 질문하고 답변하는 것입니다. 그 과정에서 학생은 스스로 답을 얻게 돼요. '머리로 이해했기 때문에 다 안다.'라는 착각에서 벗어나 더 깊은 사고를 통해 진짜로 궁금한 것이 뭔지 깨닫고 답을 찾게 되는 거예요.

또한 토론을 통해 상대에 대한 예절뿐 아니라 친구들과 내 생각이 '다름'을 인정하는 법도 배운다고 하지요. 똑같은 책을 읽어도 학생들마다 배경지식_{어떤 일을 하거나, 연구를 할 때, 이미 머릿속에 들어 있거나 기본적으로 필요한 지식}과 환경이 다르기 때문에 내리는 결론이 다르겠지요? 이를 통해, 즉 '나와는 다른 생각'을 이해하게 됩니다. 또 다른 사람의 이야기를 귀 기울여 듣는 법도 익히게 된다고 해요.

05 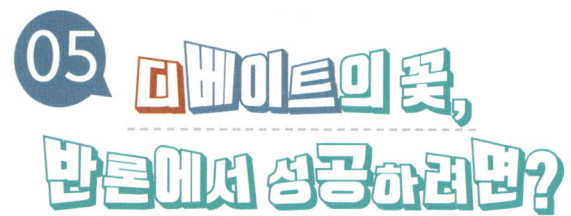 디베이트의 꽃, 반론에서 성공하려면?

 **반론하는 방법**

첫째, 상대 측에 질문할 때는 짧고 명확하게 하는 것이 좋아요. 질문에 대한 배경 설명까지 너무 길게 하면 정해진 시간을 많이 낭비해 손해를 보게 되기 때문이에요.

둘째, 상대 측이 '예 혹은 아니오'로 답변할 수 있도록 정리해서 질문하면 좋아요. 만약 "~에 대하여 어떻게 생각하십니까?" 등의 형식으로 질문을 하면 상대 측이 대답을 길게 늘어놓아 질문하는 쪽보다 답변하는 쪽이 오히려 유리하게 되기 때문이지요.

셋째, 반론 단계에서는 다른 단계에서와 마찬가지로 마음을 가라앉히고 흥분하지 말아야 해요. 이성적으로 차분하게 질문하고 답변해야, 자기주장에서 멀어지지 않고 판정인으로부터 점수를 많이 얻게 됩니다.

넷째, 논리에 어긋난 주장을 펼치는 것을 오류하고 하는데, 이러한 오류를 저지르지 않도록 조심해야 해요.

 **디베이트에서 반론 잘하는 방법**

'사·관·충·적·새'를 기억하자!

사실성은 팩트(fact)입니다. 자기가 주장하는 내용에 대해 상대에게 믿음을 주기 위해서는 주장하는 요소들이 사실이어야 합니다.

관련성은 근거로 든 것이 주장과 긴밀하게 연관되어 있어야 합니다. '학교 내에 CCTV를 설치해야 한다.'라는 논제로 디베이트 한다고 해볼까요? 이때 학교가 아닌 은행이나 대형마트 등의 CCTV의 설치에 대하여 이야기한다면 논제와는 관련이 없어집니다.

충분성은 주장에 대한 근거의 양과 질이 부족하지 않아야 합니다. 예컨대 국어 성적을 올리기 위해 학원에 다녀야 한다고 주장했을 때, 어떻게 반론해야 할까요? 학원에 다니는 것이 국어 성적을 올리는 데 정말 중요한 변수(어떤 일을 바꾸는 데 영향을 미치는 요인)인지, 그것 때문에 또 다른 문제가 생기는지 등을 따질 수 있어요.

적합성은 앞에서 말한 관련성과 충분성을 포괄하는 말이에요. 근거가 사실이 아니거나 결론과 관련이 없거나 혹은 결론을 지지하기에 약하거나 오류가 있을 때 '부적합하다'고 합니다.

새로운 방안을 제시해야 해요. 디베이트 과정에서 자기 측과 상대 측의 입장을 충분히 검토하다 보면 생각의 폭이 커지겠지요. 또한 판단의 근거가 되는 자료가 더욱 풍부해집니다. 이를 통해 찬성 측과 반대 측을 아우르는 적합한 대안을 만들어 낼 수 있습니다.

3. 토론에서 자주 지적되는 오류들

순	오류의 이름	오류의 내용	사례
1	인신공격의 오류	의견 자체보다는 상대방을 공격한다.	여자가 뭘 안다고 그래?
2	대중에 호소하는 오류	많은 사람이 그렇게 한다는 것을 내세워 주장하거나 대중을 선동하여 주장을 관철 어려움을 뚫고 나아가 목적을 기어이 이룸 한다.	나만 그런 것이 아니에요. 다 그래요.
3	파장의 오류	다른 사람의 잘못을 들어 자기의 잘못을 정당화한다.	선생님도 못하면서 우리보고 잘하라고 그러세요?
4	흑백논리의 오류	흑 아니면 백이라고 주장한다.	이것은 선이 아니므로 악이다.
5	공포에 호소하는 오류	동의를 얻기 위해, 논쟁하기 보다는 위협한다.	너 자꾸 그러면 맞는다.
6	인과의 오류	원인이 아닌 것을 원인이라고 주장한다. 특히 시간적으로 먼저 일어났다고 원인이라고 주장한다.	성적이 안 좋은 것은 분명히 오락을 너무 많이 해서야.
7	성급한 일반화의 오류	적절한 증거가 부족했음에도 성급하게 결론을 내린다.	그 사람이랑 하루 같이 지내봤는데 믿을 만한 사람이에요.
8	잘못된 유비 맞대어 비교함 추리의 오류	별로 비슷하지도 않은 두 관계를 비유해서 추리한다.	콩나물은 물만 먹어도 잘 자라니, 나도 물만 먹으면 잘 자라겠지.
9	애매어의 오류	여러 가지 의미로 해석될 수 있는 용어를 사용하여 혼란을 일으킨다.	꼬리가 길면 잡힌다. 그러니 꼬리가 긴 다람쥐는 잡힌다.
10	부적절한 권위에 호소하는 오류	주어진 문제와 관련이 없는 사람의 권위에 호소한다.	연예인이 신었던 운동화니까 분명히 좋을 거야.

11	동정에 호소하는 오류	동정심에 호소한다.	불쌍한 아이니 봐주세요.
12	부적절한 실행에 호소하는 오류	관습과 전통이라는 이유로 행동을 옹호한다.	그게 전통이니 따라야 해.
13	우물에 독약치는 오류	반론을 제기하는 것 자체가 부당하다고 비난하여, 반론을 아예 불가능하게 만든다.	난, 애국자야! 그러니까 내 주장에 반대하면 안 돼!
14	목욕물을 버리면서 아이까지 버리는 오류	부분이 잘못되었다고 해서 전체가 다 틀렸다고 주장한다.	그 이유가 말이 되니? 그러니까 네 주장은 생각해 볼 것도 없이 틀렸어.
15	무지에의 오류	무지를 증거로 하는 것. 상대방이 입증하지 못했으니 내 주장이 맞다고 주장한다.	신이 없다는 것을 증명하지 못하지? 그러니 신은 있어.
16	논점 일탈의 오류	관련 없는 내용을 인용하면서 논제로부터 주의를 돌리거나 관련 없는 결론에 이르게 한다.	산신령님께서 그 도끼가 제 도끼냐고 물으신다면 금도끼는 쇠도끼에 비해 비실용적이라고 대답하겠습니다.
17	허수아비 공격의 오류	상대가 의도하지 않은 것을 강조하거나 허점을 비판하여 자신의 주장을 내세운다.	토론을 하라는 것이군. 말이 돼?
18	잘못된 판단에 호소하는 오류	과거에 유사한 행동이 비난받거나 비판받지 않았다는 단언에 의거하여 그 행동을 면제시킨다.	저번에 그냥 넘어갔으니까 오늘도 그냥 봐 주세요.
19	원칙 혼동의 오류	한 원칙을 맥락에 대한 고려 없이 무조건 적용한다.	거짓말하지 말라고 했으니까 도둑놈에게 보석이 있는 곳을 알려줘야지
20	합성의 오류	부분이 참이므로 전체도 참이라고 주장한다.	코가 예쁘니까 얼굴도 예쁘겠지?
21	분할의 오류	전체가 참이므로 부분도 참이라고 주장한다.	얼굴이 예쁘니까 코도 예쁘겠지?

06 최종 변론에 대해 알아봐요

 **최종 변론이란?**

　최종 변론은 토론의 종류에 따라 최종 발언, 정리 발언, 최종 입장, 요약 등의 용어로도 표현합니다. 논술문에서는 결론에 해당하지요. 디베이트에서는 찬성 측과 반대 측의 입장을 마지막으로 정리하고 마무리하는 단계입니다. 하지만 단순히 정리만 하는 것이 아니라 상대 측과 판정인에게 자기 측의 주장이 더 논리적이고 설득력이 있음을 마지막으로 확인시키는 역동적인 과정입니다.

 **최종 변론을 잘하려면?**

　최종 변론 단계에서 해야 할 것들에는 반론하기, 상대 측 주장 및 태도 등의 우수했던 점을 인정하고 칭찬하기, 자기 측의 입장 강조하기, 토론 과정 및 발언 내용 정리하기, 사례나 비유, 인용문을 활용해서 깊은 인상 남기기 등이 있습니다.

　먼저 부족한 반론을 마무리해야 합니다. 최종 변론이기는 하지만 여전히 상대 측 주장에 대해 반론의 여지가 있다면 철저히 반론을 해야 합니다. 그리고 상대 측이 주장한 내용과 토론에 임하는 태도에 있어 훌륭한 면이 보인다면 칭찬을 아끼지 않는 것이 좋겠지요.

　입론에서부터 최종 변론에 이르기까지 진행되었던 자기 측의 주장과 근거를 요약하면서 핵심이 되는 점들을 강조해야 합니다. 토론은 여러 단계를 거치면서 자기 측의 입장과 근거를 다시 한 번 효과적으로 알릴 필요가 있습니다.

최종 변론에서는 자기 측의 입장과 근거를 이렇게 강조하면 좋습니다.

> "저희 측의 입장을 다시 한번 말씀드리겠습니다. 저희 측은 입론과 반론에서 말씀드렸던 것처럼 ~한 논제에 대해서 ~한 근거와 ~의 사례로 ~한 입장임을 다시 한번 강조합니다."

디베이트는 진행되는 내용과 단계가 복잡하기 때문에 판정인이 토론 과정에서 각 측의 토론자들이 발언한 내용을 모두 정확히 이해하거나 기억할 수 없습니다. 따라서 최종 변론에서는 토론의 전체적인 진행 과정을 정리하여 제시할 필요가 있습니다. 이는 판정인의 이해를 도울 뿐만 아니라 토론에 참여하는 모든 사람이 토론 내용을 서로 제대로 나누어 갖기 위해 필요한 과정입니다. 그리고 잊지 말아야 할 것은 발언 내용을 정리할 때 상대 측과 서로 의견이 팽팽하게 맞섰던 쟁점(서로 다투는 중심 사항)되는 것을 중심으로 해야 한다는 것입니다. 그렇게 해야만 자기 측의 입장을 좀 더 선명하게 드러내고, 상대 측과 차별화할 수 있습니다.

쟁점을 중심으로 요약하되 단순한 요약에 그쳐서는 안 됩니다.

상대 측보다 자기 측 주장이 더 합리적이었음을 드러낼 수 있도록 해야 합니다. 따라서 상대 측이 충실하게 반론하지 않은 쟁점을 내세웁니다. 토론이 한쪽으로 치우치게 되어 충분히 논의되지 않은 채 묻혀있는 것 중에서 중요하다고 여겨지는 쟁점에 대해서도 언급할 필요가 있습니다.

토론의 전체적인 흐름 속에서 자기 측의 주장이 상대적으로 우위에 있음을 보여 주기 위해 다음과 같은 형식으로 발언합니다.

> "저희 측이 ~한 근거에 대해서 상대 측은 ~ 입장을 보여 A라는 쟁점이 형성되었습니다. 하지만 상대 측이 주장한 ~한 입장에 대해서 저희 측은 ~내용을 근거로 상대 측의 근거가 적합하지 않음을 지적한 바 있습니다."
>
> 또는
>
> "저희 측에서 ~한 근거를 들어 ~한 입장을 나타냈음에도 불구하고, 상대 측은 여기에 대해서 명확한 근거를 들어 반박하지 못했습니다. 따라서 저희 측의 ~한 근거가 설득력이 있다고 생각합니다."

최종 변론 단계에서는 신뢰도가 높은 사례나 비유, 인용문을 활용하여 판정인과 상대 측에게 깊은 인상을 남기도록 노력해야 합니다. 이러한 정보들을 제대로 활용하려면 평소 다양한 경험과 독서가 뒷받침되어야 합니다. 논술문을 쓰거나 토론하는 데 있어

독서를 강조하는 이유가 여기에 있습니다. 논제와 직접적인 관련이 있으면서 주장에 힘을 실어 주고 신뢰감을 줄 수 있는 내용, 즉 전문가의 견해, 정확한 통계 자료나 시각 자료 등을 제시하면서 상대 측의 오류를 지적하고 자기 측 주당의 정당성을 강조해야 합니다.

예를 들어, '초등학생의 폭력적인 컴퓨터 게임 이용을 금지해야 한다.'라는 논제로 토론할 때, 찬성 측이 최종 변론 단계에서 일부 컴퓨터 게임의 폭력적인 장면들을 직접 보여 주면 상대를 더욱 효과적으로 설득할 수 있습니다.

07

 디베이트의 결과를 공정하게 판정하자

　판정이란 디베이트의 최종 변론이 끝난 뒤 양측의 승패를 결정하는 것을 말합니다. 이 단계는 디베이트의 흥미와 박진감을 더해 줄 뿐만 아니라, 참가한 사람들에게 자신을 되돌아보게 하는 중요한 역할을 합니다. 디베이트에서 판정은 단순히 승패를 가리기 위해 존재하는 것이 아닙니다. 참가자들을 제대로 평가하고, 그들이 더욱 발전된 디베이트 능력을 갖추도록 하는 데 목적이 있습니다.

　다음의 판정보조표를 이용하면 객관적인 판정을 하는 데 도움이 됩니다. 먼저 세로줄에 찬성 측과 반대 측 참가자의 이름을 적고, 가로줄에 발표력·경청 태도·질문·답변·자료 활용 등에 대한 점수를 매겨 기록합니다. 단계마다 1점부터 3점까지 점수를 기록하여 통계를 내면 각 팀의 총점을 매기고 베스트 디베이터를 가려내기에 편리합니다.

판정보조표

(찬성, 반대) 측

순	이름	발표력	경청 태도	질문	답변	자료 활용	계
1							
2							
3							
4							
5							
6							

2 판정 기준

먼저 입론에서 각 팀의 용어 정의가 보편성과 타당성이 충분한지 판단해야 합니다. 이는 앞으로 이루어질 디베이트의 범위와 방향을 결정하는 중요한 요소이기 때문입니다. 그리고 주장에 대한 타당한 근거나 이유, 정보의 활용 능력을 살펴봐야 합니다. 특히 근거나 이유를 들 때 참고 자료를 이용했다면 자료의 신뢰도를 따져 봐야 합니다. 또한 근거나 이유가 지나치게 많을 경우 자칫 산만해질 수 있고 논리적 모순_{어떤 사실의 앞뒤, 또는 두 사실이 이치상 어긋나서 서로 맞지 않음을 이르는 말}에 빠질 가능성이 높아지므로 주의 깊게 살펴봅니다.

반론 단계에서는 상대 측에 효과적으로 질문하고 반박했는가가 중요한 판정 기준입니다. 질문에 대해 성실하고 적절한 답변을 내놓는 것 역시 중요한 요소지요. 상대 측 주장의 부당성과 비논리성을 잘 짚어 내는 것도 매우 중요한 판정 기준이 됩니다.

최종 변론 단계에서는 지금까지의 주장과 그에 대한 근거를 매끄럽게 재구성하고 타당성을 잘 부각_{어떤 사물을 특징지어 두드러지게 하는 것} 시켰는지가 중요한 판정 기준입니다. 반론 단계를 거치면서 드러난 자기 측 주장의 부족한 점을 보완하여 완성도를 높인 팀에게 높은 점수를 줍니다.

팀원들끼리 긴밀하게 협력하여 각자 맡은 역할을 잘했는지도 확인해야 합니다. 대개 한 사람이 주도하기보다는 팀원 모두가 고르게 역할을 분담한 팀에게 점수를 더 많이 주지요.

발표하는 사람의 태도나 예절 등도 중요한 판정 요소입니다. 발음, 목소리의 크기, 말의 빠르기, 자신감, 예의바른 언행 등도 주의 깊게 살펴봅니다.

 ## 디베이트 판정기준표 예시

평가 영역	평 가 항 목	판정(O표)	
		찬성 측	반대 측
입론 (주장 펼치기)	1. 주요 용어에 대한 정의의 보편타당성	승	승
	2. 주장에 대한 타당한 근거나 이유, 정보 활용 능력	승	승
	3. 주장을 뒷받침하는 추론(논리구성)과 설득력	승	승
반론 (논리 허물기)	4. 상대 측 용어 정의에 대한 찬성 또는 반대 표시와 근거 확인	승	승
	5. 상대 측이 제시한 근거와 자료의 출처, 옳고 그름의 점검	승	승
	6. 상대 측의 주장과 이유, 근거에 대한 결정적인 반론	승	승
	7. 효과적인 질문	승	승
	8. 질문에 대한 성실하고 적절한 답변	승	승
	9. 주장과 질문, 답변의 일관성	승	승
최종 변론 (주장 다지기)	10. 자기 측 주장의 타당성 부각과 근거, 이유의 재구성 능력	승	승
	11. 상대 측 주장의 부당성과 논리적 부조리 부각 능력	승	승
팀 운영 및 예절	12. 팀원 간 협력과 역할 분담	승	승
	13. 발음, 목소리의 크기, 말의 빠르기, 신체적 표현의 적정성과 자신감, 예의바른 언행	승	승
		/13	/13

08 디베이트 대회, 이렇게 하면 잘할 수 있어요

 디베이트 대회의 규칙과 순서 지키기

　디베이트 대회에 출전한 토론자들은 스포츠 경기에 임하는 선수들처럼 제한된 시간 안에 역할을 잘 수행해야 합니다.

- 토론 대회가 시작되기 10~20분 전에 미리 대회 장소에 가서 토론의 형식과 규칙을 다시 한번 확인하고 준비한 자료들을 마지막으로 정리합니다.
- 토론이 시작되면 토론 흐름표에 메모합니다. 토론 흐름표를 활용하면 디베이트 대회의 순서와 규칙을 놓치는 실수를 하지 않을 뿐만 아니라, 토론의 전체적인 흐름을 한눈에 파악할 수도 있습니다.

 토론 흐름표 작성하기

♣ 토론 흐름표 만드는 방법은?

　토론 대회의 규칙과 순서 등에 따라 A4 용지나 B4 용지 정도의 크기로 표를 만들어서, 그 안에 토론 내용을 한눈에 파악할 수 있도록 요약하고 정리합니다.

※ 토론 흐름표 예시

단계 입장	찬성 측		반대 측	
	의견	자료	의견	자료
입론				
반론				
최종 변론				

♣ 토론 흐름표의 장점은?
- 자기 측은 물론 상대 측의 발표 내용을 제대로 파악하고, 토론의 흐름을 한눈에 알아차릴 수 있습니다.
- 토론이 진행되는 동안 여유를 가지고 민첩하게 대응할 수 있습니다.
- 전략을 수정하거나 주장을 보충하기 쉽고, 예상하지 못한 질문에도 즉각 대답할 수 있습니다.

3 토론 예절 지키기

- 토론이 시작되기 전에 심사위원과 상대 측에게 가볍게 눈인사합니다.
- 각 단계의 시작과 끝을 분명하게 알립니다.
- 정해진 발언 시간을 정확하게 지킵니다.
- 다른 토론자가 발표할 때 끼어들거나 보충 발언을 해서는 안 됩니다.

- 다른 토론자가 발표할 때에는 바른 자세로 경청^{귀를 기울여 들음} 해야 합니다.

4 토론 내용을 정리 할 때 주의할 점

♣ **발언 내용을 기호화 합니다.**

상대 측 발언 내용을 메모하려면 말의 속도를 따라잡기 힘들어서 중요한 부분을 놓치게 됩니다. 그러므로 "10% 증가한다"는 "10%↑"로 "개념은 다음과 같다"는 "개" 등처럼 자신만의 기호로 활용합니다.

♣ **번호로 표기하고 소제목을 적습니다.**

상대 측이 주장하는 내용들이 "'애완동물을 아파트와 같은 공동주택에서 키워도 된다.'라는 논제에 대해 우리들이 찬성하는 논거는 다음과 같이 다섯 가지가 있습니다."라고 말했을 때 다음과 같이 번호로 표기하고, 핵심 내용에 소제목을 붙여서 메모하면 한눈에 파악할 수 있습니다.

① 정서적인 안정감을 주는 반려동물
② 주민들의 동의 얻으면 ○
③ 공동주택의 증가로 애동 키울 공간 부족
④ 생명의 소중함
⑤ 사회경제적 이득

♣ **관련된 주장을 선으로 연결합니다.**
　입론에서 나온 주장은 반드시 확인 질문이나 반박에서 반복적으로 다루어집니다. 그러므로 관련 내용들을 선으로 연결하면, 어떻게 논의가 진척되었는지 어떻게 관련이 있는지를 한눈에 파악할 수 있어 답변이나 반박할 때 명확하고 신속하게 대처할 수 있습니다.

♣ **디베이트 대회 참가 시 알아 둘 것**
　· 주제 분석과 자료 조사에 힘을 쏟습니다.
　하나의 논제를 두고 찬성과 반대 어느 측으로 참여할지 모르므로 양측에서 주장할 논점을 모두 철저하게 분석하고 자료를 준비해야 합니다.

　· 입론서와 토론 개요서를 명쾌하게 작성합니다.
　토론 대회에서는 토론하기 전에 토론 개요서와 입론서를 요구하는 경우가 대부분입니다. 토론 개요서는 논제와 용어의 정의, 찬성 측과 반대 측에서 내세울 주장과 그 근거를 정리한 것을 말합니다. 한마디로 토론의 전체 흐름을 미리 요약해 놓은 것이라고 할 수 있지요. 또한 입론서는 각각 찬성과 반대 측의 입장에서 작성하며, 그 입장에 따른 주장과 근거를 제시하는 것입니다.

　· 주장에 대한 근거 카드를 만듭니다.
　근거 카드를 만들면 자료를 체계적으로 정리할 수 있습니다.

그리고 토론 진행 시 필요한 자료를 빨리 찾아내어 사용할 수 있습니다. 이에 대한 대비를 어떻게 세울 것인지 등을 검토해야 합니다.

· 상대 측 질문에 대해 철저하게 대비합니다.

상대 측이 어떤 질문을 할지 예측하기는 매우 어려운 일입니다. 하지만 가능한 모든 경우의 수에 대비해서 세밀하게 준비해야 합니다.

· 모의 토론을 해 봅니다.

같은 팀끼리 모의 토론을 많이 해 보면서 논점을 익힙니다. 찬성과 반대 측 주장의 강점과 약점을 알게 되고, 미처 생각지 못했던 의견과 근거도 찾을 수 있습니다.

2장

실전토론을 위한 핫이슈 논제 6가지
- 실전을 익히면 토론이 쉬워요

2-1 도덕과 종교
01 인간을 위한 동물실험, 해야 할까?
02 심청은 효녀일까?
03 채식주의, 건강한 생활 습관일까?

2-2 법과 범죄
04 홍길동은 범죄자일까?
05 인터넷에서 실명을 사용해야 할까?
06 안락사, 인정해야 할까?

01 인간을 위한 동물 실험, 해야 할까?

해도 돼요
동물 실험을 이용한 신약 개발로
아픈 사람을 살릴 수 있어요.

하면 안 돼요
동물 실험으로 얻은 결과가
사람들에게 적용되는 비율이 너무 낮아요.

통합교과 시간을 활용하여 토론해 보자!

이번 논제는 초등학교 4학년부터 6학년까지 도덕, 국어, 과학 수업 시간에 매우 즐겁게 토론해 볼 수 있습니다. 여러 과목의 내용과 관련이 있기 때문에 통합교과 시간을 활용해서 신나게 토론할 수 있지요. 물론 가족이나 친구들과 편안한 마음으로 재미있게 토론해 봐도 좋아요.

주제

개나 고양이와 같은 동물들과 함께 지내면 사람의 마음이 편안해진다고 하지요. 실제로 우울증에 걸린 사람들이 이러한 동물들과 함께 생활하면 치료가 되기도 한대요. 그래서 '애완동물'이라는 말 대신 얼마 전부터는 '반려동물'이라는 말을 사용하고 있어요. 옛날에는 인간을 위한 동물 실험을 당연하게 여겼어요. 하지만 동물 보호에 대한 인식이 높아지면서 동물 실험을 함부로 해서는 안 된다는 주장이 늘고 있습니다. 오늘은 '동물 실험이 필요한가'라는 주제를 놓고 벌이는 치열한 토론 현장으로 가 볼까요?

- **논제** : 동물 실험은 필요하다.
- **토론 참여자** : 사회자, 찬성 측, 반대 측, 판정인

지금부터 '동물 실험은 필요하다.'라는 논제를 가지고 디베이트를 시작하겠습니다. 먼저 찬성 측부터 입론^{주장 펼치기}을 하고 이어서 반대 측이 입론하겠습니다. 정해진 시간은 각 측 5분 이내입니다. 시작해 주세요.

사회자

찬성 측

1단계 찬성 측 입론 - 5분

저희는 '동물 실험은 필요하다.'라는 논제에 찬성합니다. 먼저 용어를 정의하겠습니다. 동물 실험이란 의학적인 목적으로 동물에게 행하는 실험을 말합니다. 그러면 동물 실험이 필요한 이유를 말씀드리겠습니다.

첫째, 동물 실험을 이용한 신약 개발로 인간을 살릴 수 있습니다. 우리는 과거 여러 동물 실험을 통해 다양한 질병에 대해 알 수 있었습니다. 특히 소아마비, 결핵, 암 등 치명적인 질병에 대한 백신과 치료제를 만드는데 동물 실험이 크게 기여했습니다.

둘째, 지금으로서는 동물 실험을 대체할 방안이 거의 없습니다. 독성이 있거나 부작용이 예상되는 실험을 인체에 한다는 것은 현대 사회에서 용납할 수 없는 일입니다. 대신 죽은 사람의 몸을 이용해서 실험하는 방법도 있지만, 이 경우 역시 윤리적인 문제가 있는 데다가 실험 결과 또한 정확성을 기대하기가 어렵습니다. 따라서 동물 실험은 피할 수 없는 선택입니다.

셋째, 우리나라는 동물 실험을 할 때 동물의 존엄성이 최대한 지켜지도록 법으로 보호하고, 이를 어길 경우 처벌하고 있습니다. 동물보호법 제1조에는 동물 실험은 인류의 복지 증진과 동물 생명의 존엄성을 고려하여 실시해야 한다는 내용이 있습니다. 얼마 전에는 화장품의 안전성 확인을 위한 동물 실험을 금지하는 법이 통과되기도 했습니다. 또한 세계적으로는

3R 제도를 통해 동물의 권리를 법으로 보장하고 있습니다. 3R 제도란 다음과 같습니다.

> **3R 제도**
> 1. 대체(Replacement): 동물 실험을 피할 수 있으면 피하고, 다른 실험으로 대체할 수 있으면 대체해라.
> 2. 최소화(Reduction): 주어진 실험에 필요한 동물의 숫자를 줄여라.
> 3. 세련화(Refinement): 동물의 고통을 최소한으로 줄이기 위해 정교하고 세련된 실험을 하라.

이상 세 가지 이유 때문에 동물 실험은 필요하다고 주장합니다. 찬성 측 입론을 마치겠습니다.

감사합니다. 다음은 반대 측에서 입론해주세요. 역시 발언 시간은 5분 이내입니다.

2 단계 반대 측 입론 – 5분

저희는 '동물실험은 필요하다.'라는 논제에 반대합니다. 다시 말하면, 동물 실험은 애꿎은 동물들의 생명을 빼앗아서는 안 된다는 주장입니다. 용어 정의는 찬성 측과 동일합니다. 그러면 왜 동물 실험을 해서는 안 되는지 주장을 펼쳐 보겠습니다.

반대 측

첫째, 동물 실험으로 얻은 결과가 사람들에게 적용되는 비율이 너무 낮습니다. 인간의 약 3만 가지 질병 중 인간과 동물이 공유하는 질병은 1.16%에 지나지 않는다고 합니다. 예를 들면, 클리오퀴놀, 페니실린 등은 인간과 동물의 몸에 각각 투여했을 때 나타나는 증상이 크게 달랐습니다.

대표적인 동물 실험용 흰쥐. 출처: google

둘째, 동물 실험 때문에 죽어가는 동물들의 수가 연간 약 5억 마리로, 너무 많습니다. 우리나라에서만 1년에 약 500만 마리의 동물들이 실험으로 죽어가고 있습니다. 여러분은 제2차 세계대전 당시 독일의 히틀러에 의해 저질러진 홀로코스트_{제2차 세계대전 중 나치스 독일이 저지른 유대인 대학살}를 알고 있을 것입니다. 저희는 힘이 없는 동물을 죽이는 것과 나치스의 유대인 학살과 크게 다르지 않다고 생각합니다.

셋째, 동물 실험은 자연의 섭리를 거스르는 것입니다. 우리가 과학 시간에 공부한 것처럼, 지구상에 살고 있는 모든 생명체는 생태계라는 질서 안에 있습니다. 인간이 더 건강하고 오래 살기 위해서 수많은 동물을 대상으로 실험한다는 것은 이러한 자연의 질서를 파괴하는 행위입니다. 이런 행위가 계속된다면 결국 생태계의 균형을 무너뜨릴 것이라고 생각합니다.

이상 세 가지 이유로 동물 실험을 해서는 안 된다고 주장합니다. 반대 측 입론을 마칩니다.

반론을 위한 작전 타임을 갖겠습니다. 시간은 1분입니다.

3단계 1차 작전 타임 – 1분

첫 번째 작전 타임을 마칩니다. 입론은 찬성 측부터 했으므로 공정하게 반론은 반대 측 주도로 진행하겠습니다. 각 팀에 주어진 시간은 5분입니다. 자, 반대 측부터 시작해 주세요.

4단계 반대 측 주도 반론하기 – 5분

찬성 측에서는 얼마 전 화장품 안전성 확인을 위한 동물 실험을 금지하는 법이 통과됐다고 했습니다. 그렇다면 이를 어겼을 때 어떤 처벌을 받는지 알고 있습니까?

예, 법을 어겼을 때 100만 원 이하의 과태료를 내야 하는 것으로 알고 있습니다.

찬성 측은 그 정도의 처벌만으로 모든 동물 실험이 정당하게 이루어질 것이라고 봅니까? 또한 이 법은 식품의약품안전처에서 인정한 대체 실험이 있는 경우에만 동물 실험을 금지하는 것으로 알고 있습니다.

찬성 측 답변

처벌이 상당히 약한 것은 사실입니다. 동물을 보호하기 위해 더 강력한 법을 만들어야 한다고 생각합니다.

반대 측 질문

다음 질문하겠습니다. 찬성 측에서는 인간의 소중한 생명을 지키기 위해 동물 실험이 불가피하다고[피할 수 없다고] 주장했습니다. 하지만 동물과 사람이 공유하는 질병이 많지 않기 때문에 동물 실험의 실효성[실제로 효과를 나타내는 성질]은 그다지 높지 않습니다. 그럼에도 만물의 영장인 인간의 생명을 구할 수 있다면 수많은 동물이 희생되어도 어쩔 수 없다는 것입니까?

찬성 측 답변

인간의 약 3만 가지 질병 중 인간과 동물이 공유하는 질병이 1.16%에 불과하다는 사실을 거꾸로 생각해 봅시다. 3만 가지의 질병을 앓고 있는 사람이 각각 한 명씩이라고 해도, 3만 명의 1.16%는 348명입니다. 이는 결코 무시할 수 없는 단 1가지 질병으로 귀한 인간의 생사가 결정되기도 합니다. 단순한 수치로 동물 실험이 불필요하다는 주장은 무책임하다고 생각합니다.

반대 측 재반박

2005년 미국 농무부 발표에 따르면 개, 돼지, 토끼, 기니피그, 햄스터 등의 동물들이 실험으로 인해 수백만 마리씩 죽임을 당한다고 합니다. 인간 때문에 죽은 동물의 수가 너무 많다는 사실을 함께 생각해 봐야 합니다.

반대 측 질문

임산부들의 입덧 방지제로 판매됐던 탈리도마이드의 부작용으로 팔다리가 없거나 짧은 기형아가 많이 태어난 사례가 있습니다. 관절염 치료제 오프렌은 부작용으로 수만 명을 죽게 했고, 설사 방지약인 클리오퀴놀이 시력을 잃게 하는 부작용을 일으킨 사례 또한 있습니다. 이 약들은 모두 동물 실험을 거쳐 안전하다고 판단돼 시중에 판매된 것이었습니다. 이렇게 효과도 제대로 검증되지 않는 실험을 위해 동물들이 희생되는 일은 없어야 하지 않겠습니까?

〔반대 측 질문〕

예, 반대 측이 이야기한 사건들에 대해서는 저희도 매우 안타깝게 생각합니다. 그렇지만 반대 측에서 예로 든 것 외에 동물 실험이 인간에게 도움이 된 사례가 훨씬 많다는 사실을 알아주시기 바랍니다.

〔찬성 측 답변〕

감사합니다. 다음은 찬성 측 주도로 반론을 시작해 주세요. 역시 주어진 시간은 5분입니다.

〔사회자〕

5단계 찬성 측 주도로 반론하기 - 5분

반대 측에서 동물 실험으로 인한 동물들의 죽음을 독일 나치스에 의해 저질러진 홀로코스트에 비유했는데, 그것이 적절하다고 생각하십니까?

〔찬성 측 질문〕

049 실전토론을 위한 핫이슈 논제

반대 측 답변

동물 실험을 해서는 안 된다는 사실을 강조하기 위해 들었던 비유인데, 약간 무리가 있었던 것 같습니다.

찬성 측 질문

예, 오류를 인정해 주셔서 고맙습니다. 우리 인간이 동물을 이용해서 실험할 때 무차별적으로 한다고 생각하십니까?

반대 측 답변

보통의 인간이라면 그렇게 하지 않을 것입니다. 하지만 자본주의 사회에서는 돈 때문에 인간의 추악한 면이 드러나기도 합니다. 더욱이 바이오산업 유전자의 재조합이나 세포 융합, 핵 이식 따위의 생명공학을 이용하여 새로운 약품 및 품종, 경제성이 있는 물질 따위를 개발하는 산업이 유망한 분야로 떠오르면서, 인간의 이기심 때문에 희생되는 동물들이 늘어날 가능성이 높습니다. 찬성 측에서 제시한 대로 동물을 보호하기 위한 여러 가지 법이 있다고 하지만, 아직은 부족한 수준이라고 생각합니다.

찬성 측 재반박

반대 측 주장대로 우리 사회에는 자기 이익을 위해 수단과 방법을 가리지 않는 부도덕한 사람들도 있습니다. 그렇지만 대부분 이 법을 지키기 위해 노력하고 있다고 생각합니다. 동물의 권리를 보호하기 위한 여러 시민 단체의 활약도 점점 늘어나고 있습니다. 정보 통신의 발달 덕분에 불법으로 혹은 불필요하게 동물의 생명을 빼앗는 사람들에게 SNS를 통해 국제적인 망신을 줄 수도 있습니다. 지난 2015년 아프리카 짐바브웨의 국민 사자, 세실을 사냥한 미국인 치과의사 월터 팔머가 SNS를 통해 크게 비난받는 사건이 바로 그 예입니다.

반대 측에게 묻고 싶습니다. 사람의 생명이 더 중요합니까, 아니면 동물의 생명이 더 중요하다고 생각합니까? —— 찬성 측 질문

물론 인간의 생명이 동물의 생명보다 더 중요하다고 생각합니다. —— 반대 측 답변

인간의 생명이 중요하기 때문에, 알 수 없는 질병으로 고통받거나 사망하는 경우를 최대한 줄이기 위해 동물 실험을 하는 것입니다. 이는 사냥과 같이 단순한 쾌락을 위해 동물을 죽이는 것과는 다르다고 생각합니다. —— 찬성 측 답변

찬성 측의 주장에 일부분 동감합니다. 그렇지만 동물 실험 역시 인간의 이기심 때문에 죄 없는 동물들을 죽이는 것이라는 점에서 나쁘다고 생각합니다. —— 반대 측 재반박

반대 측에서는 동물 실험으로 인해 생태계가 파괴된다고 주장했는데, 주장에 대한 근거로는 관련성이 낮다고 생각합니다. 반대 측 입장은 어떻습니까? —— 찬성 측 질문

저희는 지금처럼 동물 실험과 관련한 처벌 규정이 약한 상태에서는 그런 상황이 올 수도 있다고 봅니다. —— 반대 측 답변

그것은 먼 미래에 대한 불확실한 예측에 불과합니다. 이상 마치겠습니다. —— 찬성 측 반박

사회자

이제 두 번째 작전 타임 시간을 갖겠습니다. 시간은 1분입니다.

6단계 2차 작전 타임 - 1분

2차 작전 타임을 마칩니다. 반론은 먼저 반대 측 주도로 진행했으므로, 최종 변론은 찬성 측부터 하겠습니다. 각 팀에 주어진 시간은 3분입니다. 자, 찬성 측부터 시작해 주세요.

7단계 찬성 측 최종 변론 - 3분

찬성 측

반대 측은 동물 실험으로 인한 동물의 희생이 심각하고, 실험 결과 또한 안전성이 불확실한 경우가 많다고 주장합니다. 하지만 저희는 인간의 건강과 안전을 위해 아직은 동물 실험이 필요하다고 생각합니다. 인간의 질병은 시간이 지날수록 진화하고 있으며, 슈퍼 박테리아와 같은 세균들의 출현이 인류를 위협하기도 합니다. 따라서 신약 개발에 박차를 가해야 합니다.

저희는 인간의 선함과 냉철한 이성을 굳게 믿습니다. 동물의 생명 또한 사람만큼 귀하게 여기고 있습니다. 일부 인간들의 이기심에 의해 무참히 살육당하는 동물들을 보호하는 법이나 사회적 장치 또한 끊임없이 발전시켜야 한다고 생각합니다.

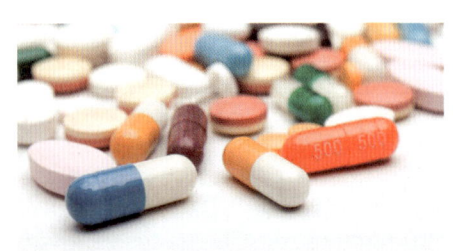
하루가 다르게 출시되는 신약들. 출처: oxdford

합법적이면서도 동물의 희생을 최소화한 동물 실험은 필요하다고 생각합니다. 이상입니다.

다음은 반대 측에서 최종 변론을 시작해 주세요.

8단계 반대 측 최종 변론 – 3분

찬성 측은 동물 실험을 대체할 현실적인 대안이 없다고 주장합니다. 또한 질병으로 고통받는 많은 이들의 생명을 신약 개발로 살릴 수 있다고 주장합니다. 그렇지만 저희는 동물 실험의 실효성이 매우 낮다고 생각합니다. 매년 약 5억 마리의 죄 없는 동물들이 희생되고 있습니다. 동물의 희생을 최소화하는 제도 또한 약해서, 법을 어겼을지라도 가벼운 과태료 처분만 받게 되어있습니다. 저희는 생명 과학기술의 발달에 따라 꼭 동물 실험을 하지 않고서도 신약을 개발할 수 있다고 생각합니다. 만약 기술의 발달이 더디다면 그 분야에 대한 투자를 늘리면 될 일입니다. 예를 들어, 식물을 이용한 신약 개발을 늘리는 것도 방법입니다. 그리고 동물 실험으로 성공한 치료법을 사람에게 적용했을 때 치명적인 부작용을 일으키기도 한다는 점을 강조하고 싶습니다. 이와 같은 이유로 인해 저희는 동물 실험이 필요하다고 주장합니다. 이상입니다.

이상으로 최종 변론을 모두 마쳤습니다. 그러면 판정인이 판정을 해 주시겠습니다.

판정인

9단계 판정 결과와 이유 발표

　입론 단계에서 찬성 측은 동물 실험을 할 때 동물의 존엄성이 최대한 유지되도록 법으로 보호하고 있으며, 동물 실험을 이용한 신약 개발로 많은 생명을 살릴 수 있고, 동물 실험을 대체할 방안이 거의 없다고 주장했습니다. 한편, 반대 측에서는 동물 실험으로 얻어진 결과를 사람들에게 적용했을 때 성공하는 비율이 너무 낮고, 동물 실험 때문에 죽어가는 동물들의 수가 지나치게 많다고 했습니다. 동물 실험은 자연의 섭리를 거스르는 것이라 주장하기도 했습니다. 입론 단계에서 양측 모두 적절한 주장과 근거를 제시했습니다. 양측 모두 설득력이 있었으므로 같은 점수를 받았습니다.
　반론 단계에서는 반대 측에서 동물 실험의 반대 근거로 탈리도마이드, 오프렌, 클리오퀴놀의 부작용 사례를 제시했습니다. 찬성 측은 이런 사실을 인정했습니다. 그러면서 "반대 측에서 예를 든 것 외에 동물 실험으로 인해 사람들에게 도움이 된 예들은 훨씬 많다는 사실을 알아주시기 바랍니다."라고 답변했습니다. 이렇게 반대 측의 반박에 차분히 대응함으로써 점수를 잃지 않았습니다. 하지만 자료 조사 단계에서 좀 더 풍부한 자료를 활용했으면 하는 아쉬움이 있습니다. 입론에서 든 사례들 외에 다음과 같은 예를 제시했다면 득점 기회가 있었을 것입니다. 핀란드에서 동물 실험으로 안전성을 검증한 뇌수막염 예방 접종을 통해 발병률을 10만 명당 60명에서 0명으로 줄였었다는 것, 우간다는 이 예방 접종 프로그램 덕분에 2001년부터 매년 5,000명의 아동 사망을 예방할 수 있었다는 것 등 말입니다.

    반대 측의 경우 "반대 측에서는 동물 실험으로 인한 동물들의 죽음을 독일 나치스에 의해 저질러진 홀로코스트를 비유했는데 그것이 적절하다고 생각하십니까?"라는 질문에 대해, 반대 측에서 "동물실험을 해서는 안 된다는 사실을 강조하기 위해 들었던 비유인데, 약간 무리가 있었던 것 같습니다"라고 실수를 인정했습니다. 진솔한 태도에는 칭찬을 보내지만, 무리한 논리를 전개한 점에서는 많은 점수를 잃었습니다.

    최종 변론에서는 찬성 측에서 앞으로도 계속해서 무리한 동물 실험을 하지 못하도록 하는 법을 발전시켜야 한다고 주장했습니다. 반대 측에서는 꼭 동물에서만이 아니라 식물 등을 이용해서 신약을 개발하는 데도 더욱 많은 노력을 기울여야 한다고 주장했습니다. 찬성 측과 반대 측에서 이번 디베이트를 통해 나름대로 좋은 대안을 제시했지만, 찬성 측 대안이 실현 가능성이 높다고 생각합니다.

    종합적으로 입론 단계에서는 자기 측 주장에 대해 정확한 사례를 제시한 양측이 같은 점수를 받았습니다. 반론 단계에서 찬성 측과 반대 측 모두 1가지씩 예리한 질문과 답변을 주고받았습니다. 하지만 이때 반대 측 답변이 상대적으로 부족했고 비유 역시 설득력이 약했습니다. 그래서 이번 디베이트에서는 찬성 측이 반대 측에게 승리했습니다. 최선을 다해 토론에 참여한 양 팀에게 칭찬을 보냅니다. 수고했습니다.

판정인

02 심청은 효녀일까?

효녀가 아니에요

심청은 아버지 눈을 뜨게 하기 위해 공양미 300석을 바치는 것 말고 다른 방법을 생각해보지 않았어요. 그리고 부모님이 주신 생명을 너무 쉽게 버렸어요.

효녀에요

심청은 자신의 위해서가 아니라 봉사인 아버지의 눈을 뜨게 해드리기 위해서 자신의 가장 귀한 생명을 바친 것이기 때문이에요.

어버이날을 맞이해서 친구들과 토론을 해보자!

이번 논제는 5월 8일 어버이날 즈음에 토론을 해볼 만한 것으로 정했습니다. 대표적인 고전 『심청전』의 주인공인 심청이 과연 효녀인지 불효녀인지 다양한 생각을 나눠 보세요.

주제

예로부터 부모에 대한 효도는 모든 윤리의 기본이 된다고 했지요. 우리가 잘 알고 있는 고전소설 『심청전』의 주인공인 심청의 행동을 놓고 효의 의미에 대해 생각해 볼까요? 심청이 효녀라고 생각하는 친구들과 불효녀라고 생각하는 친구들이 있을 거예요. 아들이나 딸로서 부모님께 어떻게 하는 것이 진정한 효도일까요? 오늘은 이 주제를 가지고 벌이는 치열한 토론 현장으로 가 보아요.

> **『심청전』 줄거리**
>
> 옛날 아주 먼 옛날 황해도 황주 도화동에 심학규라는 봉사^{시각 장애인을 낮게 부르는 말}가 살고 있었다. 그는 결혼하여 딸을 낳았는데 이름을 청이라 지었다. 그런데 그만 청이 어머니가 딸을 낳은 지 며칠 되지 않아 죽고 말았다. 동네 아주머니들의 젖을 얻어먹으며 무럭무럭 자란 심청은 아버지를 극진히 모시고 살았다. 어느 날 심봉사는 딸을 마중 가다가 개울에 빠졌다. 이때 자신을 구해준 스님과 약속을 했으니, 눈을 뜨려면 공양미^{불교에서 부처에게 빌며 바치는 쌀} 300석을 부처님께 바쳐야 한다는 말에 덜컥 그렇게 하기로 한 것이다. 아버지의 이야기를 들은 심청은 인당수에 제물로 바쳐지는 대가로 쌀 300석을 받아 부처님께 올리기로 결심한다. 결국 인당수에 몸을 던진 심청. 다행히도 심청의 효심을 기특하게 여긴 용왕의 도움으로 되살아나 왕비가 된다. 그리고 아버지를 찾기 위해 전국의 봉사들을 모아 잔치를 베풀고, 이 자리에서 아버지를 만난다. 심봉사는 딸을 다신 만난 기쁨에 눈을 뜬다.

- **논제**: 심청은 불효녀다.
- **토론 참여자**: 사회자, 찬성 측, 반대 측, 판정인

사회자

지금부터 '심청은 불효녀다.'라는 논제를 가지고 토론을 시작하겠습니다. 먼저 입론 시간을 갖겠습니다. 찬성 측부터 입론하고 이어서 반대 측이 입론하겠습니다. 정해진 시간은 각 측 5분 이내입니다. 시작해 주세요.

1단계 찬성 측 입론 - 5분

찬성 측

저희는 '심청은 불효녀다.'라는 논제에 찬성합니다. 그 이유를 말씀드리겠습니다.

첫째, 심청은 아버지의 눈을 뜨게 하기 위해 공양미 300석 바치는 것 말고 다른 방법을 생각해 보지 않았습니다. 그리고 부모님이 주신 생명을 너무 쉽게 버렸습니다.

둘째, 심청이 아버지인 심 봉사 입장에서는 눈이 멀어서 앞이 안 보이는 것보다 자식인 심청이 자기 때문에 죽었다는 사실이 더 슬펐을 것입니다. 효도라는 것은 부모님을 기쁘게 해드리는 것이므로, 아버지에게 엄청난 괴로움을 안겨준 심청이의 행동은 잘못됐다고 생각합니다.

마지막으로 심청이 불효녀라고 생각하는 가장 큰 이유는 이것입니다. 열다섯 살이나 된 심청이 자신이 죽고 난 뒤에 돌봐줄 사람 없이 혼자서 힘들게 살아갈 눈먼 아버지를 생각하지 않았기 때문입니다. 효도는 어느 한순간만 부모님을 편안하게 해드리는 것이 아니라, 부모님을 지속적으로 행복하게 해드리는 것이라고 생각합니다.

따라서 이상 세 가지 이유로 심청이는 불효녀라고 생각합니다. 찬성 측 입론을 마칩니다.

찬성 측

감사합니다. 다음은 반대 측에서 입론을 시작해 주세요. 역시 발언 시간은 5분입니다.

사회자

2단계 반대 측 입론 - 5분

저희는 '심청은 불효녀다.'라는 논제에 반대합니다. 그 이유는 다음과 같습니다.

첫째, 심청은 자신의 즐거움이나 좋아하는 것을 위해서가 아니라 봉사인 아버지의 눈을 뜨게 해드리기 위해서 자신의 가장 귀한 생명을 바친 것이기 때문입니다.

그리고 두 번째 이유를 말하기 전에 얼마 전 담임선생님을 통해 들은 이야기를 들려 드리자면 어떤 아들이 아픈 엄마를 돌보지 않고 바닷가에 버려서 어머니가 결국 바닷물에 빠져 목숨을 잃었다는 이야기입니다. 이렇게 부모를 해치는 사람들도 있는데, 심청은 부모를 위해 하나밖에 없는 목숨을 기꺼이 던졌습니다.

셋째, 인당수에 빠졌다가 살아나 왕비가 된 심청은 봉사 잔치

반대 측

반대 측

를 열면서까지 아버지를 찾으려 합니다. 이에 하늘이 감동하여 심 봉사가 눈을 뜨게 되지요. 결국 심 봉사가 눈을 뜨게 된 것은 심청의 효성 덕분이 아닐까요?

따라서 이상 세 가지 이유로 저희 반대 측은 심청이 불효녀가 아니라고 주장합니다. 반대 측 입론을 마칩니다.

사회자

반론을 위한 작전 타임을 갖겠습니다. 입론 과정에서 들은 내용을 중심으로 상대 측의 주장에 반박하고, 반대로 상대 측 반박에 답변할 내용을 정리해 보는 시간입니다. 시간은 1분입니다.

3단계 1차 작전 타임 - 1분

1분이 지났으므로 첫 번째 작전 타임을 마칩니다. 입론은 찬성 측부터 했으므로 공정하게 반론은 먼저 반대 측 주도로 하고 이어서 찬성 측 주도로 진행하겠습니다. 각 팀에 주어진 시간은 5분입니다. 자, 반대 측부터 시작해 주세요.

4단계 반대 측 주도 반론하기 - 5분

반대 측 질문

심청이 불효녀라는 찬성 측의 주장에 어느 정도는 동의합니다. 그러나 현실적으로 생각해 보십시오. 심청의 목숨값인 공양미 300석으로 심 봉사가 눈을 떴다고 한들 그의 마음이 진정 기뻤을까요? 아니면 미안하고 괴로운 마음이었을까요? 찬성 측에서 간단하게 대답해 주세요. **[반대 측 질문]**

예, 심청에게 미안하고 괴로웠을 것 같습니다. **[찬성 측 답변]**

심 봉사는 왜 괴로워했을 것이라고 생각하십니까? **[반대 측 반박]**

외동딸인 심청을 잃었기 때문입니다. 자식을 잃은 슬픔은 무엇과도 비교할 수 없다고 들었습니다. **[찬성 측 답변]**

다음 질문하겠습니다. 찬성 측에서는 심청이 스스로 목숨을 버렸을 뿐 아니라, 아버지가 결코 원하지 않는 일을 했기 때문에 불효녀라고 주장했습니다.
맞습니까? **[반대 측 질문]**

예, 심청은 불효를 저질렀습니다. 애초에 심 봉사는 심청이 희생하기를 바라고 공양미 300석을 바치겠다 약속한 것은 아닙니다. 심청이 공양미 300석에 목숨을 팔았다는 사실을 나중에야 알게 된 심 봉사는 너무나 슬펐을 것입니다. 더욱이 심청이 죽고 나면 심 봉사는 외로움과 슬픔 속에서 혼자 살아가야 합니다. **[찬성 측 답변]**

결과적으로 보면 그렇지만, 하나밖에 없는 생명을 던져 아버지의 눈을 뜨게 해주려는 것이 어찌 불효녀라고 생각합니까? 행동 자체는 문제이지만, 그 동기는 너무 갸륵하지 않습니까? 심청의 **[반대 측 재반박 및 정리]**

반대 측 재반박 및 정리

행동에 문제가 있다는 것을 저희도 인정합니다. 하지만 효도하는데 이것저것 따지다 보면 어떻게 효도를 할 수 있습니까? 심청이 자신의 목숨을 버린 것이 지극한 효심에서 우러난 행동이란 사실은 조금도 의심할 필요가 없다고 생각합니다. 다시 말해 심청은 아버지를 너무나 사랑했기 때문에 자기 목숨까지 바쳐 나름의 효도를 한 것입니다.

사회자

감사합니다. 다음은 찬성 측 주도로 반론을 시작해 주세요. 역시 주어진 시간은 5분입니다.

5단계 찬성 측 주도로 반론하기 – 5분

찬성 측 질문

아까 반대 측은 심청이가 효녀라고 주장했습니다. 효녀의 개념을 정의해 주시기 바랍니다.

반대 측 답변

효녀란 부모님의 마음을 편하게 해드리는 딸이라고 생각합니다.

찬성 측 질문

그러면 과정이나 동기가 중요하다고 생각하나요? 아니면 결과가 더 중요하다고 생각하나요?

반대 측 답변

과정과 결과 모두 중요하다고 생각합니다.

심청이 죽고 난 뒤 바로 심 봉사가 눈을 떴다고 가정해 볼까요? 과연 반대 측에서 효녀에 대해 정의한 것처럼, 심청이 아버지의 마음을 편하게 해드렸는지 다시 한번 생각해 보시기 바랍니다. 옛말에 자식이 죽으면 부모의 어디에 묻는다고 했지요?

찬성 측 재반박

예, 부모 가슴 속에 묻는다고 들었습니다.

반대 측 답변

그 말의 뜻은 무엇일까요?

찬성 측 질문

자식을 잃는 것이 부모에게는 가장 슬픈 일이라는 뜻입니다.

반대 측 답변

그렇습니다. 딸이 아버지를 위해 자신의 생명을 던져 눈을 뜨게 해드렸다고 한들, 과연 그 아버지가 행복했을까요? 다시 말해 심청은 자신이 죽음으로써 아버지를 더욱 고통스럽게 만드는 불효를 저질렀다는 것입니다. 이상입니다.

찬성 측 재반박 및 정리

이제 두 번째 작전 타임을 갖겠습니다. 시간은 1분입니다.

사회자

6단계 2차 작전 타임 - 1분

2차 작전 타임을 마치겠습니다. 반론은 먼저 반대 측 주도로

사회자

진행했으므로, 최종 변론은 찬성 측부터 하겠습니다. 각 팀에 주어진 시간은 3분입니다. 자, 찬성 측부터 시작해 주세요.

7단계 찬성 측 최종 변론 – 3분

찬성 측 질문

자식은 부모의 희망이라고 합니다. 저희도 부모님도 "너는 아빠, 엄마의 희망이야."라고 말씀하십니다. 그런데 심청은 바다에 빠져 아버지의 희망이 사라지게 했으니 당연히 불효녀라고 생각합니다. 더욱이 아버지가 앞을 못 보는 상처를 가지고 있는데, 딸을 잃는 더 큰 상처를 주었으므로 아주 큰 불효를 저지른 것이라 생각합니다.

심청이 공양미 300석을 마련하기 위해 아버지의 반대를 무릅쓰고 인당수에 빠지지 않았다면, 심 봉사는 딸과 함께 비록 힘들지만 행복한 삶을 살 수 있었습니다. 만약 심 봉사가 눈을 떴다고 해도 자기 때문에 심청이 죽었다는 죄책감으로 매일매일 슬픔 속에 살았을 것입니다. 다시 말해 그녀의 죽음은 아버지에게 마음의 상처를 안겨주었기 때문에 심청은 불효녀라는 것입니다.

사회자

예, 감사합니다. 다음은 반대 측에서 최종 변론을 시작해 주세요. 시간은 역시 3분 이내입니다.

8단계 반대 측 최종 변론 –3분

> 심청은 자신이 할 수 있는 가장 큰 효도가 아버지의 눈을 뜨게 하는 것이고 생각했습니다. 그것을 이루기 위해서 인당수에 몸을 던진 것이고요. 인당수에 빠지는 것은 두렵지만 아버지 눈을 뜨게 하는 방법이 그 길밖에 없었기 때문입니다.
>
> 그리고 심청은 어릴 때부터 아버지를 잘 봉양^{부모나 조부모와 같은 웃어른을 받들어 모심} 해 왔습니다. 죽기 전에도 주변 사람들에게 아버지를 잘 보살펴 달라고 신신당부했습니다.
>
> 심청은 왕비가 되어서도 자기만 편하게 살지 않고 아버지를 계속 찾으려 했습니다. 이것을 보아도 심청은 효심이 지극하고 마음이 매우 곱다는 걸 알 수 있습니다. 왕비가 된 심청은 눈이 안 보이고 초라한 아버지가 남편이나 다른 사람에게 창피할 수도 있었습니다. 하지만 자신만 편하게 살려 하지 않고 끝내 아버지를 찾아냈습니다. 이와 같은 이유로 저희는 심청이 효녀라고 생각합니다.

반대 측

> 이상으로 최종 변론을 모두 마쳤습니다. 그러면 판정인이 판정을 해 주시겠습니다.

사회자

9단계 판정 이유과 판정 결과 발표

> 찬성 측은 심청이 불효녀라는 입장에서 주장을 펼쳤습니다. 그리고 반대 측은 심청이 효녀라는 주장을 펼쳤지요.
>
> 입론에서 찬성 측은 자식이 스스로 목숨을 끊는 것은 부모님

판정인

판정인

의 마음을 오히려 더욱 아프게 하는 잘못된 결정이므로 심청이 불효녀라고 주장했습니다. 반대 측에서는 심청이 어려서부터 아버지 봉양에 힘썼고 자신에게 하나밖에 없는 생명을 바쳐 가면서까지 아버지 눈을 뜨게 해 드리려 했기 때문에 효녀라는 주장을 펼쳤습니다.

반론인 주장 허물기 단계에서는 찬성 측에서 '효녀의 개념은 무엇인가', '과정과 결과 중 어느 것이 더 중요한가?' 그리고 '자식이 죽으면 부모의 어디에 묻는가' 등을 물었습니다. 이에 대해 반대 측에서 이 질문에 답변하는 가운데 스스로 모순을 깨닫게 하려는 질문법이 돋보였습니다.

반대 측에서는 목숨을 던져서까지 아버지를 위해 희생한 심청의 효성을 강조했습니다. 그 동기가 매우 갸륵하다는 점을 부각하려고 노력했습니다. 그렇지만 찬성 측이나 판정인을 설득하기에는 논리가 조금 부족했다고 생각합니다. 심청이 한 행동이나 방법에 문제가 있다고 찬성 측 스스로 인정하기도 했습니다. 어찌 보면 자기모순 스스로의 생각이나 주장이 앞뒤가 맞지 아니함 에 빠져있다고 생각할 수 있습니다. 반대 측에서는 어려서부터 아버지를 극진히 모시고, 목숨까지 바쳐 아버지의 눈을 뜨게 해 드리려 했을 뿐만 아니라, 죽은 뒤 환생해서 왕비라는 높은 신분이 되었음에도 끝내 아버지를 찾아낸 심청의 효성을 더욱 강력하게 드러내 보였어야 합니다. 심청이 죽음으로써 아버지의 마음을 아프게 한 것은 전체가 아니라 부분에 지나지 않는다는 점을 강조하면서 주장을 밀

고 나가야만 했다는 뜻입니다.

　최종 변론에서 찬성 측은 심청이 목숨을 버리지 않고서도 얼마든지 효도할 수 있었을 거라며 아쉬워했습니다. 그러면서 결국 심청은 불효를 저지른 것이라고 주장했습니다. 한편 반대 측은 입론이나 반론에서 부족했던 점을 보충해, 어린 시절은 물론 죽어서 환생한 뒤 심청의 효성을 부각한 점에서 매우 뛰어난 능력을 보여주었습니다.

　이제 판정을 내리겠습니다. 입론 단계에서는 양측 모두 동일한 점수를 얻었습니다. 최종 변론 단계에서는 반대 측이 심청이 효녀라는 강력한 메시지를 전달하기 위해 입론과 반론 단계를 거치면서 훨씬 탄탄해진 논리를 보여주었습니다. 이 점을 높이 평가해 반대 측에 더 많은 점수를 주겠습니다. 반론 단계에서 반대 측은 주장과 그것을 뒷받침하는 논리가 비교적 약했습니다. 찬성 측에서는 검사가 피의자_{범죄를 저질렀다고 의심받고는 있지만 아직 재판을 받지 않은 사람}를 심문_{법관이나 수사관이 어떤 일에 관련된 사람에게 궁금한 것을 캐묻는 것}하듯 반대 측을 치밀하면서도 집요하게 몰아붙였습니다. 이런 점에서 찬성 측이 많은 점수를 얻었습니다.

　이렇게 해서 이번 디베이트는 찬성 측이 반대 측에 승리했습니다. 최선을 다해 디베이트에 참여한 양 팀에게 칭찬을 보냅니다. 수고했습니다.

판정인

'심청은 불효녀다' 토론을 마친 학생들의 소감

예로부터 효(孝)는 모든 행실의 근본이라고 했습니다. 우리 조상들은 효를 중요시했습니다. 시대나 처한 환경에 따라서 효도의 방법은 달라져야 한다고 생각합니다. 저희는 이번 디베이트를 통해 '효도도 자기의 형편대로 현명하게 해야 하겠구나' 하는 생각을 하게 되었습니다. 그리고 우리 가족들뿐만 아니라 이 지구상에 존재하는 모든 부모와 자식들의 관계에 대해 다시 한번 생각해 보게 되어 매우 흐뭇했습니다.

이번 토론을 통해 오늘 내가 할 수 있는 효도가 무엇인지 생각하고 실천해 보겠다고 다짐하게 되었습니다. 효도는 자녀들이 부모의 입장에서 부모의 마음에 흡족하여지도록 하는 행동이 진정한 효도라고 생각했습니다. 우리 부모님들께서 친할머니와 할아버지, 외할머니와 외할아버지를 항상 생각하시는 것을 자주 보고 있습니다. 저희도 늘 우리 부모님들을 진정으로 생각하고 부모의 기대에 알맞게 생활해야겠다고 다짐했습니다.

 # 채식주의, 건강한 생활 습관일까?

좋은 생활 습관이에요
인간도 동물이기에 다른 동물을 착취하고 이용하며 불필요하게 잡아먹는 대신 잘 돌보아 주어야 할 책임이 있다고 생각해요.

나쁜 생활 습관이에요
생태계 먹이 사슬에서 보듯, 인간이 생존을 위해 다른 동물들을 취하는 것은 지극히 자연스러운 일이에요.

사회적으로 화두가 되는 소재로 토론해 보자!

얼마 전 우리나라 소설가 한강이 세계 3대 문학상 중 하나로 꼽히는 맨부커상을 받아 화제가 되었습니다. 소설가 한강에게 수상의 영광을 안겨 준 작품은 여러분도 알고 있겠지만 『채식주의자』라는 장편 소설이었지요. 이를 통해 작품과 별개로 채식주의가 우리 사회의 화두^{관심을 두어 중요하게 생각하거나 이야기할 만한 것}로 떠오르기도 했답니다.

주제

여러분은 채식에 대해 얼마나 알고 있나요? 채식이 건강을 지키는 자연식으로 알려지면서 이를 선택하는 사람들이 늘어나고 있어요. 건강 말고도 환경, 동물 등을 위해 채식을 하기도 하지요. 그렇다고 해서 이제까지 육식을 즐겨 온 사람들이 잘못하는 걸까요? 오늘은 채식주의에 대해 토론해 보아요.

- **논제** : 채식주의는 건강하고 바람직한 생활 습관이다.
- **토론 참여자** : 사회자, 찬성 측, 반대 측, 판정인

지금부터 '채식주의는 건강하고 바람직한 생활 습관이다.'라는 논제를 가지고 토론을 시작하겠습니다. 먼저 입론 시간을 갖겠습니다. 찬성 측부터 입론하고 이어서 반대 측이 입론하겠습니다. 정해진 시간은 각 측 5분 이내입니다. 시작해 주세요.

사회자

찬성 측

1단계 찬성 측 입론 – 5분

저희는 '채식주의는 건강하고 바람직한 생활 습관이다.'라는 논제에 찬성합니다. 지금부터 채식주의가 왜 건강하고 바람직한 생활 습관인지 말씀드리겠습니다.

첫째, 인간도 동물이기 때문에 다른 동물들을 착취하고 이용하며 불필요하게 잡아먹는 대신 잘 돌보아 주어야 할 책임이 있다고 생각합니다. 인간은 동물이 어떠한 느낌과 감정을 가졌는지 정확하게 알지 못합니다. 하지만 분명한 사실은 동물도 인간과 같이 두려움과 고통을 느낀다는 것입니다. 영국의 철학자 제레미 벤담이 말했듯이, 우리는 "동물들이 과연 사고할 수 있는가?" 대신에 "동물들도 고통을 느낄 수 있는가?"를 생각해 봐야 합니다.

둘째, 비 채식주의자들이 고기를 구입하고 먹는 행위는 간접적으로 동물을 학대하는 것입니다. 많은 동물이 오로지 인간의 식량이 되기 위해 비참하게 살다가 비정상적으로 짧은 생애를 마감하기 때문입니다. 가축의 대량 사육은 대부분 야만적인 방법으로 이루어집니다. 특히 닭을 좁은 닭장 안에 가두어 사육한다든지, 소에게 질 낮은 사료를 잔뜩 먹여 억지로 살찌우는 식의 방법을 쓰고 있습니다. 또한 많은 양의 우유를 생산하기 위해 젖소에게 항생제_{미생물이 만들어 낸 물질로 된 약재로, 다른 미생물의 성장이나 생명을 막음}와 스테로이드를 엄청나게 먹입니다.

대규모로 사육되는 양계장 내부. 출처: sbs

셋째, 공장식 사육은 인간과 환경 모두에 심각한 위험을 끼칩니다. 가축 사육장에서 나오는 오물과 폐수는 강을 오염시킬 뿐 아니라 상수도에까지 유입 어떤 곳으로 흘러듦 됩니다. 또한 동물들에게 먹이는 엄청난 양의 항생제로 인해 어떠한 항생제로도 퇴치할 수 없는 박테리아인 슈퍼 버그가 생겨나고 있습니다. 동물성 사료 때문에 광우병 Mad Cow Disease 이라는 끔찍한 병이 나돌기도 했습니다. 대장균, 살모넬라균 등 치명적인 음식 독소들도 대부분 육식을 통해 전염됩니다.

넷째, 균형 잡힌 식단에는 고기가 포함될 필요가 없습니다. 각종 과일과 채소만으로도 우리 몸에 필요한 탄수화물과 단백질, 섬유소, 미네랄과 필수 비타민 등을 공급받을 수 있기 때문입니다. 인간과 가장 비슷한 동물인 유인원만 봐도 철저하게 채식 위주의 식사를 합니다. 이상으로 찬성 측 입론을 마칩니다.

감사합니다. 다음은 반대 측에서 입론을 시작해 주세요. 역시 발언 시간은 5분 이내입니다.

2단계 반대 측 입론 – 5분

저희는 '채식주의는 건강하고 바람직한 생활 습관이다.'라는 논제에 반대합니다. 즉 건강한 생활을 위해서는 채식만 해서는 안 되고 육식을 병행 둘 이상의 일을 한꺼번에 행함 해야 한다고 생각합니다. 그 이유는 다음과 같습니다.

반대 측

첫째, 인간은 다른 어떤 동물보다 환경에 성공적으로 적응해 왔고 또한 다른 동물들을 잘 활용해 왔습니다. 생태계의 먹이 사슬 food-chain 에서 보듯, 인간이 생존을 위해 다른 동물들을 죽이고 먹는 것은 지극히 자연스러운 일입니다. 인간이 동물들을 다스리고 지배하는 것은 『성경』의 「창세기」에도 나오는 이야기입니다.

둘째, 현대의 가축 사육 방법이 다소 잔인하거나 비인도적 사람으로서의 도리에 어긋나는 으로 보일 수 있습니다. 하지만 닭이나 소가 자기 삶의 질적인 면에 대해서 과연 인식하고 있을지는 확신할 수 없습니다. 더욱이 가축 도살 짐승을 잡아 죽임의 경우 일반적으로는 눈 깜짝할 사이에 고통을 주지 않고 이루어집니다. 또한 만약 이러한 문제가 중요하다면, 좋은 환경에서 자유롭게 사육되었다는 것이 보증된 고기를 구입해서 먹으면 된다고 생각합니다.

셋째, 인간은 오랜 기간 동안 잡식성 동물로 살아왔습니다. 고기의 채소가 골고루 섞인 식단에 인간의 몸이 적응해 온 것입니다. 이러한 식단에서 육류를 아예 빼 버린다면 영양소가 결핍될 수밖에 없습니다.

넷째, 채식이 영양의 균형만 맞다면 건강에 좋을 수도 있겠지요. 하지만 현실적으로 너무 비쌉니다. 채식주의는 돈이 많은 사람들에게나 알맞은 호사 호화롭게 사치함. 또는 그런 사치라는 생각마저 듭니다.

이상으로 반대 측 입론을 마칩니다.

	사회자

반론을 위한 작전 타임을 갖겠습니다. 입론 과정에서 들은 내용을 중심으로 상대 측 주장에 반박하고, 반대로 상대 측의 반박에 답변할 내용을 정리해 보는 시간입니다. 시간은 1분입니다.

3단계 1차 작전 타임 – 1분

1분이 지났으므로 첫 번째 작전 타임을 마칩니다. 입론은 찬성 측부터 했으므로 공정하게 반론은 먼저 반대 측 주도로 하고, 이어서 찬성 측 주도로 진행하겠습니다. 각 팀에 주어진 시간은 5분입니다. 자, 반대 측부터 시작해 주세요.

4단계 반대 측 주도 반론하기 – 5분

	반대 측 질문

찬성 측은 인간도 동물이기 때문에 다른 동물들을 착취하며 불필요하게 잡아먹는 대신 잘 돌보아 주어야 할 책임이 있다고 했습니다. 그러면 꼭 필요한 경우에는 동물을 잡아먹어도 된다는 뜻입니까?

	찬성 측 답변

예. 그렇습니다. 꼭 필요한 경우에만 동물들을 잡아먹는 것이 옳다고 생각합니다.

	반대 측 질문

또한 찬성 측에서는 비 채식주의자들이 고기를 구입하고 먹는

반대 측 질문: 행위가 동물들을 간접적으로 학대하는 행위라고 했습니다. 그러면서 동물들이 오로지 인간의 식량이 되기 위해 비참하게 살다가 비정상적으로 짧은 생애를 마감하기 때문이라는 근거를 내세웠습니다. 비 채식주의자들이 고기를 먹는 행위가 동물을 학대하는 것이라고 주장하는 이유를 더 묻고 싶습니다.

찬성 측 답변: 직접적으로 동물을 죽이는 것이 아니지만, 다른 사람들이 비정상적으로 사육해서 죽인 동물의 고기를 먹은 것이기 때문에 학대라고 보는 것입니다.

반대 측 반박: 생존과 건강을 위해 고기를 먹는 것뿐인데 동물을 학대했다고 하는 것은 지나친 비약_{논리나 사고방식 따위가 그 차례나 단계를 따르지 아니하고 뛰어 넘음}이 아닌가요?

찬성 측 반박: 따지자면 그렇게 생각할 수도 있다는 뜻입니다.

반대 측 재반박: 찬성 측 반박이 명확하지 않습니다. 오직 오락을 목적으로 사냥하는 것도 아니고, 자신들의 삶을 위해서 고기를 먹는 행위마저 동물 학대라 보는 것은 지나치다고 생각합니다.

반대 측 질문: 찬성 측은 고기 없이 과일과 채소만으로도 다양한 영양소를 공급받을 수 있다고 했습니다. 그리고 인간과 가장 가까운 동물인 유인원의 경우

육식을 위한 고기 요리. 출처: google

반대 측 질문

철저하게 채식 위주의 식사를 한다는 점을 근거로 들었습니다. 하지만 인간은 잡식성 동물로 오랫동안 살아왔고, 유인원과는 엄연히 다르지 않습니까?

찬성 측 답변

신체 구조가 인간과 거의 유사한 유인원도 채식하고 살아가기 때문에 그렇게 주장을 펼친 것입니다. 꼭 유인원이 아니더라도 스님들 역시 채식 위주로 식사하지만 건강하게 생활합니다.

반대 측 반박

산속에서 맑은 공기를 마시면서 수행하는 스님들의 경우와 복잡한 사회에서 살아가는 일반 사람들의 경우는 매우 다릅니다. 스님들과 비교하는 것은 무리가 있다고 생각합니다.

찬성 측 반박

하지만 채식하는 일반인의 경우도 특별히 건강에 문제를 겪는 경우를 보지 못했습니다.

반대 측 질문

찬성 측은 동물성 사료 때문에 광우병이라는 끔찍한 병이 나돌기도 했으며, 대장균·살모넬라균 등 치명적인 음식 독소들도 대부분 육류를 통해서 전염된다고 했습니다. 하지만 그러한 일들이 발생한 이유는 단지 육식을 해서라기보다는 동물을 키우는 과정이 잘못됐거나 비위생적인 환경 때문이라고 생각합니다.

찬성 측 답변

인간들이 육식을 하지 않는다면 무리하게 동물들을 키우지 않을 것이고 동물들로 인해 일어나는 질병도 발생하지 않을 것입니다.

반대 측 반박	특히나 광우병은 지극히 적은 희귀한 경우입니다. 한때 잠깐 생겼다가 지금은 사실상 나타나지 않고 있습니다. 그러한 예로 육식에 대한 비판하는 것은 타당성이 부족하다고 생각합니다.
찬성 측 재반박	아무리 드문 질병이라고 하지만 너무 끔찍한 것 아닙니까? 우리가 육식을 하지 않는다면 이런 질병이 발생하지 않을 것입니다. 또한 신선한 채소를 먹는다면 사람들의 성품이 착해지고 우리 사회의 폭력도 줄어들 것입니다.
반대 측 질문	채식을 하면 사람의 성품이 착해진다는 구체적인 근거가 있습니까?
찬성 측 답변	구체적인 자료를 준비하지는 못했지만, 채식을 하는 소나 양 같은 동물은 매우 온순합니다. 그런데 육식하는 동물들, 즉 호랑이나 사자, 독수리 등의 맹수들을 보십시오. 얼마나 폭력적입니까?
반대 측 반박 및 정리	하지만 폭력성이 식성과 관련이 있는지는 과학적으로 밝혀진 바가 없지 않습니까? 더욱이 인간이 고기와 함께 먹는 잡식성 동물입니다. 가장 이상적인 식단은 육식 위주가 아닌, 육식과 채식이 골고루 섞인 식단으로 알고 있습니다. 이상으로 반대 측 주도 반론을 마칩니다.
사회자	감사합니다. 다음은 찬성 측 주도로 반론을 시작해 주세요. 역시 주어진 시간은 5분입니다.

5단계 찬성 측 주도로 반론하기 - 5분

생태계의 먹이 사슬에서 보듯 인간이 생존을 위해 다른 동물들을 죽이고 먹는 것은 지극히 자연스러운 일이라는 반대 측의 주장은 저희도 어느 정도 인정합니다. 하지만 인간이 동물들을 다스리고 지배하는 것은 당연하다면서 『성경』의 「창세기」를 근거로 든 것은 지나치게 종교 편향적인^{한쪽으로 치우친 경향이 있는} 생각이라고 봅니다. 불교에서는 인간과 동물의 관계에 대해 어떻게 주장하고 있는지 아시나요?

찬성 측 질문

불교에서는 동물들을 죽이고 먹는 것을 금지하고 있는 것으로 알고 있습니다.

반대 측 답변

그렇다면 반대 측이 특정 종교에서 주장하는 것만을 근거로 내세우는 것은 오류가 아닙니까?

찬성 측 반박

그 부분은 인정합니다. 나름대로 근거를 찾다 보니 오류를 저지른 것 같습니다.

반대 측 답변

또한 반대 측은 좋은 환경에서 자유롭게 사육되었다는 것이 보증된 고기를 구입해서 먹으면 된다고 했습니다. 하지만 우리

찬성 측 질문

는 지금 채식이 건강하고 바람직한 식습관인가에 대해 토론하고 있는 것이지, 가축 사육 방법에 대해 이야기를 하고 있는 것이 아닙니다.

반대 측 답변

육식을 비판할 때 보통 가축을 사육하는 방법이 비인도적이라는 점을 지적하곤 합니다. 따라서 육식을 하더라도 동물의 권리를 어느 정도 보장한다면 서로의 입장 차이를 좁힐 수 있으리라 생각했습니다.

동물 실험을 꼬집은 영화 〈옥자〉, ⓒ넷플릭스

찬성 측 질문

반대 측에서는 채식이 건강에 좋다고 해도 지나치게 비싸기 때문에 현실적으로 실천하기 어렵다고 했습니다. 그렇다면 농촌에 살고 있는 사람들에게도 채식 식단이 너무 비쌀까요?

반대 측 답변

물론 농촌 사람은 자신들이 재배한 채소들을 먹기 때문에 비싸지 않겠지요. 하지만 도시 사람들에게는 신선한 채소의 값이 비싸다는 것입니다.

찬성 측 반박

논제와 관련이 있는 사람들은 도시에서 사는 사람들뿐입니까?

반대 측 답변

아닙니다.

생각이 꽃피는 토론1 080

| 그렇다면 반대 측의 주장에 오류가 있는 것 같습니다. 우리가 토론하는 주제는 이 지구에 살아가는 모든 사람을 대상으로 해야 한다고 생각합니다. | 찬성 측 반박 |

| 반대 측에서는 인간이 잡식성 동물이기 때문에 채식만 고집할 경우 영양소가 결핍될 수밖에 없다고 했습니다. 맞습니까? | 찬성 측 질문 |

| 예. 그렇습니다. 채식과 더불어 육식을 해야 영양이 골고루 공급된다고 생각합니다. | 반대 측 답변 |

| 반대 측에서는 인간이 육식을 하지 않고 채식만 할 경우 영양의 불균형이 오고 건강이 악화된다는 근거 자료를 가지고 있습니까? | 찬성 측 반박 |

| 아쉽게도 자료를 준비하지 못했습니다. 하지만 고기에 들어 있는 단백질인 소위 동물성 단백질의 경우 반드시 음식으로 먹어야만 섭취할 수 있는 필수 아미노산이 많아 균형 잡힌 식단에 꼭 필요한 영양소로 알고 있습니다. | 반대 측 답변 |

| 정확한 자료가 아닌 짐작을 근거로 주장을 펼치는 것은 문제가 있다고 생각합니다. 저희가 알기에는 콩류와 채소를 통해서도 인체에 필요한 단백질을 얼마든지 공급받을 수 있습니다. 이상으로 찬성 측 주도 반론을 마칩니다. | 찬성 측 반박 및 정리 |

사회자

이제 두 번째 작전 타임 시간을 갖겠습니다. 시간은 1분입니다.

6 단계 2차 작전 타임 - 1분

1분이 지났으므로 2차 작전 타임을 마칩니다. 반론은 먼저 반대 측 주도로 진행했으므로, 최종 변론은 찬성 측부터 하겠습니다. 각 팀에 주어진 시간은 3분입니다. 자, 찬성 측부터 시작해 주세요.

7 단계 찬성 측 최종 변론 - 3분

찬성 측

저희는 '채식주의는 건강하고 바람직한 생활 습관이다.'라는 논제에 찬성합니다. 입론과 반론단계에서 주장했던 내용들 정리해서 그 이유를 말씀드리겠습니다.

첫째, 동물들도 인간과 같이 두려움과 고통을 느끼기 때문에 우리는 동물을 보호해야 하고, 비인도적인 방법으로 사육하거나 함부로 죽여서는 안 됩니다.

둘째, 인간은 꼭 고기를 먹지 않더라도 건강을 유지하는 데 전혀 문제가 없습니다. 과일과 채소만으로도 탄수화물과 단백질, 섬유소, 미네랄과 필수 비타민을 공급받을 수 있기 때문입니

다. 실험 결과 채식은 불필요한 지방의 축적을 막고 고혈압과 같은 성인병을 예방해 준다는 사실이 밝혀졌습니다.

셋째, 채식주의 식단은 환경오염을 방지해 줍니다. 가축 사육장에서 나오는 오물과 폐수는 강을 오염시킬 뿐 아니라 우리가 마시는 상수도까지 더럽힙니다. 또 채식하면 동물을 사육할 때 먹이는 엄청난 양의 항생제를 간접 섭취하는 위험도 피할 수 있습니다.

한 가지 덧붙일 것이 있습니다. 저희는 앞서 입론에서 고기를 구입하고 먹는 행위가 간접적으로 동물을 학대하는 것이라고 주장했습니다. 하지만 반론 단계를 거치면서 저희의 주장을 일부 수정하기로 했습니다. 고기를 먹는 행위를 동물 학대로 볼 것이 아니라, 오로지 쾌락을 위해 동물을 죽이고 괴롭히는 사냥이나 낚시 등의 행위를 학대라고 정의하겠습니다.

이상으로 찬성 측 최종 변론을 마칩니다.

예, 감사합니다. 다음은 반대 측에서 최종 변론을 시작해 주세요. 시간은 역시 3분 이내입니다.

8단계 반대 측 최종 변론 -3분

저희는 '채식주의는 건강하고 바람직한 생활 습관이다.'라는 논제에 반대합니다. 즉 육식과 채식을 함께 하는 것이 건강한 생활 습관이라는 주장입니다.

반대 측

첫째, 인간은 동물을 사육하여 먹이로 이용하는 것은 지극히 당연한 일이라고 생각합니다. 인간 역시 자연의 일부이므로, 포식자로서 동물을 먹는 것은 자연스러운 일입니다.

둘째, 고기를 먹고 안 먹고는 개개인의 주관적인 판단에 따라서 결정할 일이라고 생각합니다. 굳이 생각이 다른 사람들을 야만시하거나 죄의식을 갖게 하는 것은 잘못되었다고 생각합니다.

셋째, 동물도 중요하지만 판단의 기준은 먼저 인간이어야 한다고 생각합니다. 인간은 고기와 채소를 함께 먹는 잡식성 동물로 발달해 왔습니다. 채식만으로는 영양소가 결핍될 수밖에 없습니다. 따라서 육식을 적절하게 병행해야 한다고 생각합니다.

넷째, 채식주의는 경제적으로 형편이 어려운 사람들에게 큰 부담이 될 수 있습니다. 신선하고 영양가 높은 채소로 식단을 꾸리려면 비용이 많이 든다는 이야기입니다.

이상과 같은 이유로 저희는 육식과 채식을 함께 해야 한다고 강력하게 주장합니다. 이상입니다.

사회자

이상으로 최종 변론을 모두 마쳤습니다. 그러면 판정인이 판정을 해 주시겠습니다.

9단계 판정 이유과 판정 결과 발표

판정인

'채식주의는 건강하고 바람직한 생활 습관이다.'라는 논제에 대해 양측 모두 자기 측의 입장이 올바르다는 것을 증명하기 위해 많은 준비를 한 것으로 보입니다. 그러나 양측 모두 오류나 허점을 보이기도 했습니다.

먼저 입론 단계에서 찬성 측과 반대 측 모두 동일한 점수를 얻었습니다. 네 가지 정도의 근거를 들어 자신들의 주장을 충분히 뒷받침하기 위해 노력한 점이 돋보였습니다.

반대 측 주도 반론 단계에서 반대 측은 찬성 측에 어째서 고기를 먹는 행위가 동물을 학대하는 것이라 생각하는지 물었습니다. 그러자 찬성 측은 동물을 직접적으로 죽이는 게 아니라 다른 사람들이 비정상적으로 사육해서 죽인 동물들을 잡아먹었기 때문이라고 답변했습니다. 이에 반대 측은 "생존과 건강을 위해 고기를 먹는 것뿐인데 동물을 학대했다고 하는 것은 지나친 비약이 아닌가요?"라며 반박했습니다.

반대 측이 내세운 두 번째 쟁점 또한 돋보였습니다. 찬성 측에서 광우병이나 치명적인 음식 독소들을 이유로 육식의 문제점을 이야기한 것에, "인간이 육식을 하지 않는다면 무리하게 동물을 키우지 않을 것이고 그로 인해 일어나

판정인

는 질병도 발생하지 않을 것"이라고 맞섰지요. 이에 반대 측은 극히 드문 질병인 광우병을 예로 육식을 비판하는 것이 문제라 반박했고, 찬성 측은 여기에 제대로 대응하지 못했습니다. 이때 찬성 측에서 다른 쟁점, 즉 채식하면 온순해진다는 주장으로 화제를 돌렸지만, 이 역시 근거 자료를 준비하지 못해 반대 측에 반박의 여지를 주었습니다.

찬성 측 주도 반론단계에서 찬성 측이 반대 측을 향해 육식의 정당성을 설명하는 근거로 기독교 『성경』의 「창세기」 내용을 든 것이 종교 편향적이라고 비판했습니다. 이에 대해 반대 측은 자신들의 오류를 겸허히 _{스스로 자신을 낮추고 비우는 태도} 인정했습니다. 또한 찬성 측은 육식과 함께 해야만 영양을 고르게 섭취할 수 있다는 반대 측의 주장에, 그것을 뒷받침할 수 있는 과학적 근거가 있는지 물었습니다. 이때 반대 측에서 아쉽게도 관련 자료를 제시하지 못하고 자기가 가지고 있는 상식선에서 마무리 지었습니다.

이와 같이 반론 단계에서는 찬성 측과 반대 측 모두 점수를 얻기도 하고 잃기도 했습니다. 그리하여 최종적으로 동일한 점수를 얻었습니다.

최종 변론 단계에서는 찬성 측과 반대 측 모두 자기의 주장을 일목요연하게 잘 정리해서 발표했습니다. 특히 찬성 측은 입론에서 주장했던 내용 중 육식을 동물 학대로 볼 것인가 하는 문제에 대해 토론 과정을 거치며 생각이 바뀌었음을 밝혔습니다. 디베이트에서는 입론에서 주장했던 내용 중 잘못된 것이 있으면 상대 측의 견해를 폭넓게 받아들여 주장의 완성도를 높여 가는 것이 중요합니다.

　이번 디베이트에서 입론과 반론에서는 양측 모두 충실한 내용들을 가지고 열띤 토론을 벌여 동일한 점수를 받았습니다. 하지만 최종 변론 단계에서는 상대 측의 합리적인 주장을 겸손하게 받아들여 주장을 더욱 탄탄하게 구성했던 찬성 측의 토론 예절과 태도에 더 많은 점수를 주고 싶습니다.
　따라서 이번 디베이트에서는 찬성 측이 승리했습니다. 좋은 파트너였던 반대 측에게도 격려의 박수를 보냅니다. 수고했습니다.

판정인

04 홍길동은 범죄자일까?

범죄자예요

홍길동이 탐관오리들의 돈과 곡식 등을 빼앗아 어려운 백성들을 도와주었다 해도, 남의 재물을 부당하게 빼앗은 것이므로 벌을 받아야 해요.

범죄자가 아니에요

홍길동은 나라에서 마땅히 처벌했어야 할 탐관오리나 부패한 양반들로부터 나라를 대신해 재산을 빼앗았어요.

고전 『홍길동전』을 읽고 토론해 보자!

이번 논제는 소설에 등장하는 인물의 행동에 대해 어떻게 생각하는지 서로 이야기를 나눠 볼 수 있는 내용입니다. 우리나라의 대표 고전 소설 중 하나인 『홍길동전』을 읽고, 주인공 홍길동이 법을 어긴 죄인으로 처벌받아야 하는지 아닌지에 대해 토론해 볼까요?

주제

홍길동 하면 의적이라는 말이 떠오르지요. 의적이란 탐관오리^{백성의 재물을 탐내어 빼앗는, 행실이 깨끗하지 못한 관리}들의 재물을 훔치다가 가난한 사람을 도와주는 의로운 도적을 가리킵니다. 그런데 이 정의에는 모순이 있습니다. 도적은 남의 것을 훔치거나 빼앗는 사람을 말하는데, 여기에 '의로운'이라는 꾸밈말이 어울릴까요? 홍길동이 아무리 의로운 사람이라 해도 도둑질을 한 것은 잘못이므로 죄인으로 취급해야 한다고 생각하나요? 아니면 방법은 잘못되었지만 목적이 의롭기 때문에 죄인 취급해선 안 될까요?

『홍길동전』 줄거리

홍길동은 홍 판서와 몸종 춘섬 사이에서 태어나 집안에서 천대^{업신여기며 천하게 대우하거나 푸대접함}를 받고 자랍니다. 뛰어난 도술과 학식을 가진 그는 결국 집안 사람들의 무시를 참지 못하고 집을 뛰쳐나오지요. 그리고 도둑의 소굴에 들어가 우두머리가 되어 활빈당을 조직합니다. 그는 활빈당을 이끌며 탐관오리들과 양반들이 부당하게 모은 재물을 빼앗아 가난한 백성들을 돕습니다. 나라에서는 그를 잡으려 하지만 번번이 놓치고, 결국에는 그를 설득해 벼슬을 내리지요. 그러나 얼마 뒤 홍길동은 조선을 떠나 율도국이라는 자신만의 이상 국가를 건설합니다.

- **논제**: 홍길동은 벌을 받아야 한다.
- **토론 참여자**: 사회자, 찬성 측, 반대 측, 판정인

사회자

지금부터 '홍길동은 벌을 받아야 한다.'라는 논제를 가지고 토론을 시작하겠습니다. 먼저 입론 시간을 갖겠습니다. 찬성 측부터 입론하고 이어서 반대 측이 입론하겠습니다. 정해진 시간은 각 측 5분 이내입니다. 시작해 주세요.

1단계 찬성 측 입론 – 5분

찬성 측

저희는 '홍길동은 벌을 받아야 한다.'라는 논제에 찬성합니다. 먼저 홍길동은 고전 소설인 『홍길동전』에 나오는 인물이라는 것을 말씀드리겠습니다. 따라서 이번 디베이트는 『홍길동전』의 배경인 조선 시대의 여러 가지 상황들을 고려하여 진행되어야 한다고 생각합니다.

그럼 홍길동은 왜 벌을 받아야 하는지 그 이유를 말씀드리겠습니다.

첫째, 홍길동이 탐관오리들의 돈과 곡식 등을 빼앗아 어려운 백성들을 도와주었다 해도, 남의 재물을 부당한 방법으로 빼앗은 것이기 때문에 벌을 받아야 합니다. 정상적인 방법으로 재물을 얻어 어려운 이들을 도와준다면 누가 뭐라고 하겠습니까? 홍길동이 올바른 정신을 가진 사람이라면 탐관오리들을 나라에 고발하거

생각이 꽃피는 토론1 090

나 임금에게 상소를 올리는 등 법에 어긋나지 않는 방법으로 문제를 바로잡았어야 합니다. '악법도 법이다'라는 말처럼, 법은 사회 구성원들 사이의 약속이기 때문에 모두가 잘 지켜야 사회가 유지될 수 있다고 생각합니다.

둘째, 홍길동은 세금으로 들어오는 재물까지 빼앗아 나라 살림살이에 피해를 주었습니다. 나라는 백성들이 내는 세금으로 운영됩니다. 적의 침략에 대비해 군사들을 훈련시키고, 나랏일을 하는 관리들에게 월급을 지급해야 합니다. 그렇지만 홍길동이 돈이나 곡식을 제멋대로 빼돌려 어려운 사람들에게 기부함으로써 국가 재정이 어려워지고, 나아가 나라의 힘이 약해졌을 수 있다고 생각합니다.

셋째, 홍길동의 행동을 눈감아 줄 경우 사회 혼란을 불러올 수 있습니다. 홍길동이 훔친 재물로 어려운 사람들을 도와준다는 소문으로 인해 전국의 각종 범죄자가 홍길동 이름을 팔아 도적질하는 경우가 많아질 것입니다. 당시 조선에는 생활이 어려워 여기저기를 떠돌며 생활하는 사람들이 많았다고 합니다. 이들이 자기가 홍길동인 것처럼 행세해 탐관오리들뿐만 아니라 정당하게 노력해서 재산을 모은 사람들에게까지 피해를 준다면 어떻게 될까요?

이상으로 찬성 측 입론을 마칩니다.

감사합니다. 다음은 반대 측에서 입론을 시작해 주세요. 역시 발언 시간은 5분 이내입니다.

찬성 측

사회자

반대 측

2단계 반대 측 입론 – 5분

저희는 '홍길동은 벌을 받아야 한다.'라는 논제에 반대합니다. 즉 홍길동은 죄가 없다고 생각합니다. 그 이유는 다음과 같습니다.

첫째, 홍길동은 나라에서 마땅히 처벌했어야 할 탐관오리나 부패한 양반들로부터 나라를 대신해 재산을 빼앗았습니다. 또한 어차피 나라가 할 일 중 하나가 세금을 거둬 어려운 백성을 돕는 것인데, 홍길동이 그 일을 대신 해 주지 않았습니까? 만약 홍길동이 그렇게 하지 않았다면 부자들은 더욱 부자가 되고 가난한 사람들은 더욱 가난하게 되어 사회의 양극화_{서로 다른 계층이나 집단이 점점 더 차이를 나타내고 관계가 멀어지는 것}가 더 심해지고 범죄가 늘게 될 것입니다. 따라서 홍길동을 처벌해서는 안 됩니다.

둘째, 나쁜 자들의 재물을 빼앗아 어려운 사람에게 나누어 주는 홍길동과 같은 의적에게 다른 사람들과 똑같은 법의 잣대를 들이대서는 안 된다고 생각합니다. 홍길동은 빼앗은 재물을 결코 자신의 안위를 위해 사용하지 않았습니다. 생활이 어렵고 힘든 백성을 돕기 위해 의로운 행동을 했습니다. 그런데 어떻게 홍길동에게 죄가 있다고 할 수 있겠습니까? 법은 사회가 제대로 움직이도록 하기 위해 만든, 구성원들 간의 약속입니다. 하지만 그 약속이 잘못되어 있다면 바꿔야 하지 않겠습니까?

셋째, 설사 홍길동이 법을 어겼다고 해도 임금이나 정부 관리들은 자신들이 나라를 잘못 다스린 점을 반성하고 홍길동의 행동을 특별한 경우로 취급해야 할 것입니다. 백성의 피를 빨아먹는 이들의 재물을 빼앗아 굶주린 백성을 도와주었는데, 어찌 죄가 있다고 하겠습니까? 우리나라 형법에 절도죄란 다른 사람의 재물을 훔치는 죄를 말하는 데, 이것이 성립되려면 훔친 재물을 자기의 것으로 만들려는 의도가 있어야 하는 것으로 알고 있습니다. 따라서 홍길동은 죄가 없고, 혹시 법을 어긴 것으로 판단된다고 하더라도 그의 행동에 정당성을 인정하여 처벌해서는 안 된다고 생각합니다.

이상으로 반대 측 입론을 마칩니다.

반론을 위한 작전 타임을 갖겠습니다. 입론 과정에서 들은 내용을 중심으로 상대 측의 주장에 반박하고, 반대로 상대 측의 반박에 답변할 내용을 정리해 보는 시간입니다. 시간은 1분입니다.

3단계 1차 작전 타임 - 1분

1분이 지났으므로 첫 번째 작전 타임을 마칩니다. 입론은 찬성 측부터 했으므로 반론은 먼저 반대 측 주도로 하고, 이어서 찬성 측 주도로 진행하겠습니다. 각 팀에 주어진 시간은 5분입니다. 자, 반대 측부터 시작해 주세요.

4단계 반대 측 주도 반론하기 - 5분

반대 측 질문

찬성 측에서 '악법도 법이다.'라는 말처럼, 법은 사회 구성원 간의 약속이기 때문에 누구나 지켜야 한다고 했습니다. 그리고 홍길동의 경우 법을 지키지 않았기 때문에 벌을 받아야 한다고 했지요?

찬성 측 답변

예. 그렇습니다. 악법도 법이라는 말을 인용한 것은 저희도 당시 조선 사회가 많이 부패해 있었고, 따라서 홍길동의 행동을 어느 정도는 이해한다는 뜻에서입니다.

반대 측 질문

그런데 저희가 보기에 당시는 법 자체의 문제가 아니라 법을 제대로 지키지 않는 사람들이 많은 게 문제였다고 생각합니다. 힘이 센 사람들만 재산을 많이 가지고 그렇지 못한 백성은 굶주리는 사회는 비정상적인 사회 아닙니까?

찬성 측 답변

물론 정상적인 사회가 아니라고 생각합니다. 하지만 홍길동처럼 법을 안 지키는 사람들이 늘어난다면 사회가 걷잡을 수 없을 정도로 혼란에 빠질 것이라고 생각합니다. 과거 텔레비전 뉴스를 통해 2016년 올림픽이 열렸던 브라질 리우데자네이루의 길거리에서 도둑이 행인들의 목걸이나 휴대 전화 등을 눈앞에서 빼앗아 가는 장면을 본 기억이 있습니다. 정말 무서웠습니다.

반대 측 반박

찬성 측에서 예를 든 것과 홍길동은 벌을 받아야 하느냐는 토론 주제 사이에 어떤 관계가 있다고 생각하나요?

> **[찬성 측 답변]** 법을 지키지 않는 사람이 늘어나 사회 불안이 커진다는 점은 홍길동이 살던 당시나 지금이나 마찬가지라고 생각합니다.

> **[반대 측 재반박]** 자기 욕심 때문에 길거리에서 다른 사람들의 물건을 빼앗거나 훔치는 행위와, 힘이 센 사람들이 부당하게 모은 재물을 빼앗아서 어려운 사람들을 돕는 행위는 큰 차이가 있다고 생각합니다. 요즘 우리 사회에서도 높은 지위를 이용해 옳지 않은 방법으로 수백억의 재산을 모은 이들을 조사해서 벌을 주려 하고 있지 않습니까? 조선 시대에는 이렇게 탐관오리들을 조사해서 벌을 주는 제도가 없거나 약했기 때문에 홍길동 같은 사람들이 생겨났을 것입니다. 홍길동의 행동은 어찌 보면 법이 실천해야 할 정의를 대신 실천한 것이라고 생각합니다. 그렇기 때문에 홍길동은 벌을 받아서는 안 된다고 생각합니다.

> **[반대 측 질문]** 찬성 측은 『홍길동전』에서 홍길동이 어떻게 되는지 알고 있습니까?

> **[찬성 측 답변]** 나라에서 홍길동을 체포하려 하지만 번번이 실패하고, 결국은 그를 회유_{어루만지고 잘 달래어 시키는 말을 듣도록 함}하여 벼슬을 내렸습니다.

> **[반대 측 반박]** 예. 찬성 측이 대답한 대로 조선의 임금은 홍길동을 벌하지 않고 벼슬을 내려 나랏일을 맡겼습

반대 측 반박

니다. 이것은 홍길동의 행동이 비록 법을 어긴 것이라 하더라도 그 정당성을 인정했기 때문이 아니겠습니까? 홍길동이 법을 어긴 것은 사실이지만, 그에 앞서 제대로 된 법은 나라의 주인인 백성을 잘살게 해 주어야 합니다. 그 당시 조선의 법이 제 역할을 못하는 '죽어 있는 법'이었다면, 홍길동이 한 행동은 사회의 부조리_{이치에 맞지 아니하거나 도리에 어긋남}를 바로잡으려는 '살아 있는 법'이었다고 생각합니다.

사회자

감사합니다. 다음은 찬성 측 주도로 반론을 시작해 주세요. 역시 주어진 시간은 5분입니다.

5단계 찬성 측 주도로 반론하기 – 5분

찬성 측 질문

반대 측에서는 앞서 법이 잘못되었다면 고쳐야 한다고 했습니다. 하지만 악법도 법이라는 말이 있습니다. 반대 측은 혹시 소크라테스를 아십니까?

반대 측 답변

예, 알고 있습니다. 고대 그리스의 철학자로, 젊은이들에게 지혜를 깨우쳐 주었으나 사회를 어지럽혔다는 죄를 뒤집어쓰고 사형을 당한 것으로 알고 있습니다.

찬성 측 반박

그는 잘못된 법 때문에 사형에 처해졌지만 스스로 '악법도 법이다.'라고 말하며 독약을 마셨습니다. 어떤 법이든 따라야 한다는 것을 직접 실천하여 보여 준 것입니다.

하지만 그 당시의 상황과 홍길동이 살던 조선 시대나 현재 상황은 크게 다르다고 생각합니다.

> 반대 측 답변

얼마 전 저희 부모님과 아는 사람들 사이에 다툼이 있었습니다. 저의 부모님이 억울한 상황이었지만 그 사람들의 소송을 제기해서 결국엔 아무런 보상도 받지 못한 채 일이 마무리되었습니다. 이처럼 조금 억울한 면이 있더라도 법을 따라야 사회 질서를 유지할 수 있다고 봅니다.

> 찬성 측 재반박

반대 측에서는 홍길동이 나라를 대신해서 탐관오리나 부패한 양반들을 벌주고 그 재산을 빼앗은 것이기 때문에 처벌해서는 안 된다고 했습니다. 홍길동이 나라를 대신했다고 했는데, 그 말이 정확히 무슨 뜻입니까?

> 찬성 측 질문

법을 잘 지키고 선량하게 살아가는 사람들을 보호하고, 반대로 법을 어기거나 악용하는 사람들을 처벌하는 것이 바로 나라가 할 일입니다. 하지만 『홍길동전』 속 조선의 임금과 관리들은 그러한 구실을 제대로 하지 못했고, 그랬기 때문에 홍길동 스스로 나선 것입니다.

> 반대 측 답변

나라에서 홍길동에게 그렇게 하라고 명을 내리거나 권한을 주었습니까? 자격과 권한을 갖지도 않은 사람이 자신의 판단에

> 찬성 측 질문

| 찬성 측 질문 | 따라 그렇게 행동하는 것은 잘못됐다고 생각합니다. 만약 그런 사람이 늘어난다면 우리 사회는 어떻게 될까요? 반대 측에 묻고 싶습니다. 사회 정의가 제대로 실현되고 있지 않다고 해서 개인이 법을 어기면서까지 임의로(일정한 기준이나 원칙 없이 하고 싶은 대로) 나쁜 사람을 벌주는 것이 과연 옳을까요? 아니면 법에 정해진 대로 행동해야 할까요? 둘 중에 한 가지만 선택해서 답해 주시기 바랍니다.

| 반대 측 답변 | 물론 사회 안정을 위해 법에 정해진 대로 행동하는 것이 맞다고 생각합니다.

| 찬성 측 반박 | 그러면 반대 측이 입론에서 주장했던 것과 다른 생각을 이야기한 것입니다. 아무리 의도가 올바르다 할지라도 법의 테두리 안에서 실천할 때 사회는 안정될 수 있습니다.

| 반대 측 반박 | 홍길동이 법을 몰라 그런 행동을 한 것이 아니라, 법이 제대로 지켜지지 않기 때문에 오히려 법이 잘 집행될 수 있도록 도와준 면도 있지 않습니까? 홍길동의 행위를 일반적인 법질서의 관점으로 바라볼 게 아니라 특별하게 취급해야 한다고 생각합니다.

| 찬성 측 재반박 | 홍길동이 법이 잘 집행될 수 있도록 도와준 면이 있다고 했는데, 진짜로 법이 잘 집행되도록 도와주려면 탐관오리들로부터 빼앗은 재산을 나라에 가져다주고 그 돈을 어려운 사람들을 위해 쓰도록 하는 것이 맞다고 생각합니다.

홍길동이 그렇게 하지 못한 것은 당시 조선 사회가 그만큼 썩어 있었기 때문이라고 생각합니다. | 반대 측 재반박

저희는 홍길동이 자신의 권한을 넘어서는 행동할 게 아니라 백성들에게 고통을 주는 사람들을 나라에 고발하고 마땅한 처벌을 요구했어야 한다고 봅니다. 그것이 법을 지키면서 나라를 위하고 백성도 돕는 길이었을 것입니다. | 찬성 측 답변

오죽하면 홍길동이 자기가 처벌받을지도 모른다는 걸 알면서도 그런 행동을 했을까요? | 반대 측 질문

그때나 지금이나 대부분의 관리들은 나라와 백성을 위해 봉사하고 있다고 생각합니다. 그런 사람들을 찾아서 탐관오리들의 실태를 낱낱이 알려 주면, 그들이 얼마든지 문제를 해결할 수 있었을 것입니다. | 찬성 측 답변

당시에 지금처럼 나라에 자신의 의견을 내는 제도가 제대로 갖추어져 있었을까요? 찬성 측에서 주장하는 내용은 그 당시 현실에 맞지 않는 이상적인 생각입니다. 억울하더라도 앉아서 그대로 앉아서 당하고만 있는 것이 올바른 행동이라는 주장처럼 들립니다. | 반대 측 반박

그렇지 않습니다. 저희는 힘을 모아 탐관오리들을 고발하고 법을 이용해 그들에게 벌주는 게 옳다고 주장하는 것입니다. 앉아서 당하고만 있으라는 것은 절대 아닙니다. | 찬성 측 재반박

반대 측 답변

하지만 홍길동이 살았던 당시의 상황에서 생각을 해야지 현대 사회의 기준으로 생각하면 올바른 판단을 할 수 없다고 생각합니다.

찬성 측 정리

그 점에 대해서는 같은 생각입니다. 저희 역시 이제까지 조선 시대 홍길동이 할 수 있는 행동에 대해 이야기한 것이지, 현대 사회에서나 가능한 이상적인 내용으로 의견을 펼친 것이 아닙니다. 이상으로 찬성 측 주도 반론을 마칩니다.

사회자

이제 두 번째 작전 타임 시간을 갖겠습니다. 시간은 1분입니다.

6단계 2차 작전 타임 - 1분

1분이 지났으므로 2차 작전 타임을 마치겠습니다. 반론은 먼저 반대 측 주도로 진행했으므로, 최종 변론은 찬성 측부터 하겠습니다. 각 팀에 주어진 시간은 3분입니다. 자, 찬성 측부터 시작해 주세요.

7단계 찬성 측 최종 변론 - 3분

찬성 측

반대 측과 토론을 통해 새로운 관점으로 논제를 바라볼 수 있게 되어 기쁩니다. 지금부터 홍길동이 왜 벌을 받아야 한다고 생각하는 지에 대해 말씀드리겠습니다.

첫째, 홍길동이 아무리 백성들을 위한다고 해도 법의 테두리를 벗어나 탐관오리들의 재물을 마음대로 빼앗거나 그들을 제멋대로 처벌했기 때문에 벌을 받아야 한다고 생각합니다. 법이 인정하는 범위 안에서 그런 일들을 했다면 칭찬과 존경을 받아 마땅합니다. 하지만 그렇게 하지 못한 것이 무척 아쉽습니다.

둘째, 나라는 세금으로 운영됩니다. 이 세금으로 백성들에게 필요한 시설을 유지하고 공무원들에게 월급을 주고, 나라를 지키는 군대에 양식이나 무기 등을 공급합니다. 이렇게 중요한 세금의 원천이 되는 재물을 홍길동 개인의 마음대로 빼돌린 것은 아주 큰 죄입니다. 따라서 홍길동은 마땅한 처벌을 받아야 합니다.

셋째, 홍길동이 도적질을 해서 어려운 사람들을 도와준다는 소문이 전국에 퍼질 경우 사회가 어떻게 될까요? 너도나도 홍길동처럼 행동하려고 할 것입니다. 사회가 엄청난 혼란에 빠지겠지요. 그렇기 때문에 홍길동은 벌을 받아 마땅하다고 생각합니다.

이상으로 찬성 측 최종 변론을 마칩습니다.

예, 감사합니다. 다음은 반대 측에서 최종 변론을 시작해 주세요. 시간은 역시 3분 이내입니다.

반대 측

 8단계 반대 측 최종 변론 -3분

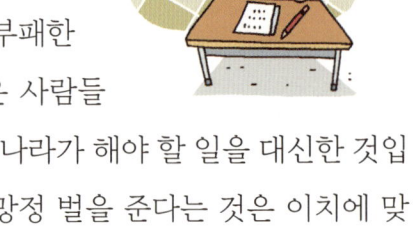

저희는 홍길동이 벌을 받아선 안 된다고 생각합니다. 입론과 반론 단계에서 계속 주장했던 내용들을 정리해서 말씀드리겠습니다.

첫째, 홍길동이 탐관오리나 부패한 양반들의 재산을 빼앗아 어려운 사람들에게 나누어 준 것은, 어찌 보면 나라가 해야 할 일을 대신한 것입니다. 그런데 상을 주지는 못할망정 벌을 준다는 것은 이치에 맞지 않다고 생각합니다.

둘째, 만약 홍길동 같은 사람을 처벌하는 법이나 제도가 있다면 그것을 바꾸어야 한다고 생각합니다. 나쁜 사람들의 재물을 빼앗아 어려운 이들에게 나누어 준 의로운 사람에게, 좋은 일을 한 사람에게 벌을 준다는 것은 말이 안 된다고 생각합니다. 홍길동이 혼자 잘 먹고 잘 살기 위해 그런 일을 한 것이 아니지 않습니까?

셋째, 홍길동이 법을 어겼다고 해도 훌륭한 임금이나 관리들이라면 자기들이 해야 할 일들을 제대로 못 한 점을 반성하고 홍길동을 특별한 경우로 취급해야 할 것입니다. 찬성 측도 「홍길동전」을 읽어 보았겠지만, 소설에서도 왕은 홍길동을 벌주지 않고 오히려 벼슬을 내려 나라의 법질서를 바로잡으라고 명했습니다.

| | 사회자 |

이는 그를 붙잡기 힘들어서였지만, 한편으로는 그의 정의로움을 인정하기 때문이기도 했습니다. 이상입니다.

이상으로 최종 변론을 모두 마쳤습니다. 판정인이 판정을 해 주시겠습니다.

9단계 판정 이유과 판정 결과 발표

| | 판정인 |

입론인 주장 펼치기 단계에서 찬성 측과 반대 측은 모두 주장과 근거를 충실하게 제시하면서 상대 측을 설득하기 위해 노력했습니다. 특히 양측 모두 세 번째 근거가 인상 깊었습니다. 찬성 측의 경우 홍길동의 도적질을 눈감아 줄 경우 사회 혼란을 불러올 수 있다 했고, 반대 측의 경우 임금을 비롯한 정부 관리들이 그동안 나라 운영을 잘못한 점을 반성하고 홍길동의 행동이 정당함을 인정해 벌주어서는 안 된다고 주장했습니다.

다만 찬성 측이 내놓은 두 번째 근거에서는 모순이 발견됩니다. 나라 운영에 필요한 세금과 탐관오리들이 가지고 있는 재물을 연결한 점은 비논리적이라고 할 수 있습니다. 부정하게 모은 재산에 대해 세금을 내리라고 보기는 어렵기 때문입니다.

판정인

　반론 단계에서는 질문과 답변, 반박, 재반박에 이르기까지 치열한 토론이 펼쳐졌습니다. 반대 측에서 "힘이 센 사람들만 재산을 많이 갖고 그렇지 못한 백성은 굶주리는 사회는 어지럽고 비정상적인 사회가 아닙니까?"라고 질문한 것에 대해 찬성 측에서는 홍길동처럼 법을 안 지키는 사람들이 늘어나면 사회가 혼란에 빠질 것이라면서, 2016년도 브라질 리우데자네이루의 심각한 범죄 실태를 예로 들었습니다. 여기서 다소 관련성이 부족한 대답을 내놓은 점이 아쉬웠습니다.

　한편 찬성 측에서는 "의도가 아무리 올바르다 할지라도 법의 테두리 안에서 실천할 때 개인과 사회가 안정될 수 있습니다."라며 반대 측 주장에 반박했습니다. 그러자 반대 측에서는 "홍길동의 경우 일반적인 법질서의 관점으로 바라볼 게 아니라 특별하게 취급해야 한다고 생각합니다."라며 재반박했습니다. 반대 측이 자기 측 논리의 핵심을 잘 짚어 설명한 점이 돋보였습니다. 최종 변론에서는 찬성 측과 반대 측 모두 열띤 주장을 펼쳤습니다. 그런데 여전히 찬성 측이 내놓은 두 번째 근거에는 논리적인 모순이 있습니다.

　이번 토론에서는 디베이트의 꽃인 반론 단계에서 반대 측의 질문에 대해 다소 엉뚱한 답변을 내놓은 찬성 측이 점수를 잃었습니다. 입론과 최종 변론 단계에서도 찬성 측은 다소 비논리적인 근거를 제시하였으나, 반대 측은 홍길동이 벌이 아닌 벼슬을 받은 결말 부분을 근거로 제시하면서 자기 측의 주장이 옳다는 것을 논리적으로 강조했습니다. 따라서 이번 디베이트는 반대 측이 승리했습니다. 최선을 다해 토론에 참여한 양 팀에게 칭찬을 보냅니다. 수고했습니다.

판정인

05 인터넷에서 실명을 사용해야 할까?

사용해야 돼요
자기가 올리는 글에 책임감을 갖게 됩니다.

사용하지 말아야 돼요
인터넷 실명제를 실시하면 개인의 자유가 침해됩니다.

교과서에 나온 주제에 대해서도 함께 토론해 보자!
이번 논제는 초등학교 6학년 사회 교과서에 제시되어 있으며, 특히 4학년에서부터 6학년 학생들까지 매우 즐겁게 토론해 볼 수 있는 내용입니다. 이 논제를 가지고 학교에서뿐만 아니라 가정에서도 토론해 봐도 좋아요.

주제

인터넷 실명제는 인터넷 사용자의 실제 이름과 주민등록번호가 확인되어야 인터넷 게시판에 글을 올릴 수 있도록 하는 제도입니다. 여러 가지 문제점이 끊임없이 제기되다가 2012년 8월 23일 헌법 재판소 재판관의 만장일치로 위헌(헌법 조항이나 정신에 어긋남) 결정이 내려졌지요. 하지만 이후로도 인터넷 실명제를 둘러싼 논란이 계속되고 있습니다. 오늘은 인터넷 실명제를 주제로 벌이는 치열한 토론 현장으로 가 볼까요?

- **논제** : 인터넷 실명제는 필요하다.
- **토론 참여자** : 사회자, 찬성 측, 반대 측, 판정인

지금부터 '인터넷 실명제는 필요하다.'라는 논제를 가지고 디베이트를 시작하겠습니다. 먼저 입론 시간을 갖겠습니다. 찬성 측부터 입론하고 이어서 반대 측이 입론하겠습니다. 정해진 시간은 각 측 5분 이내입니다. 시작해 주세요.

사회자

1단계 찬성 측 입론 – 5분

찬성 측

저희는 '인터넷 실명제는 필요하다.'라는 논제에 찬성합니다. 용어부터 정의하자면, 인터넷 실명제는 인터넷 사용자의 실제 이름과 주민등록번호가 확인되어야 인터넷 게시판에 글을 올릴 수 있도록 하는 제도입니다. 그럼 인터넷 실명제가 필요한 이유를 말씀드리겠습니다.

첫째, 자기가 올리는 글에 책임감을 갖게 합니다. 인터넷 실명제를 실시하면 자신의 이름이 밝혀지므로 다른 사람을 의식하여 글을 더욱 신중히 쓰게 됩니다. 이것이 표현의 자유를 침해한다고 생각하는 이들도 있지만, 저희는 욕설과 비방 남을 비웃고 헐뜯어서 말함 등 좋지 않은 댓글이나 악성 게시물들이 사라지고 건전한 인터넷 문화를 만드는 데는 도움이 된다고 생각합니다. 여러분도 아시는 것처럼 악플로 인해 많은 사람이 자살에 이르기까지 했습니다.

둘째, 영화, 음악, 사진, 글 등 저작권이 있는 콘텐츠의 불법 업로드로 인한 재산권 경제적 이익을 목적으로 하는 법적인 권리 침해를 막을 수 있습니다. 인터넷 실명제를 실시하면 저작물의 불법 이용을 보다 쉽게 적발 잘못을 들추어 냄하고 처벌할 수 있기 때문입니다.

셋째, 인터넷 문화의 신용도가 높아집니다. 인터넷에서 자신의 실명이 드러나면 현실에서 사람을 대하는 것과 비슷하게 행동하게 됩니다. 따라서

행동이 조금 더 신중해지겠지요. 또한 인터넷에서 해를 입는 경우 보장이 쉬워지고, 가해자를 처벌하기도 쉬워집니다.

이상 세 가지 이유로 인터넷 실명제는 필요하다고 주장합니다. 찬성 측 입론을 마칩니다.

찬성 측

감사합니다. 다음은 반대 측에서 입론을 시작해 주세요. 역시 발언 시간은 5분 이내입니다.

사회자

2단계 반대 측 입론 - 5분

저희는 '인터넷 실명제는 필요하다.'라는 논제에 반대합니다. 다시 말하면, 인터넷 실명 확인이 없이 자유롭게 인터넷 게시판에 글을 올릴 수 있도록 해야 한다는 것입니다. 용어의 정의는 찬성 측과 동일합니다. 그러면 왜 인터넷 실명 확인이 없이 자유롭게 인터넷 게시판에 글을 올릴 수 있도록 해야 하는지 주장을 펼쳐 보겠습니다.

첫째, 인터넷 실명제를 실시할 경우 개인의 자유가 침해됩니다. 우리나라의 법 가운데 최상위 법인 헌법에 국민 모두의 자유가 보장되어 있습니다. 하지만 인터넷 실명제를 강요하면 표현의 자유가 침해되므로, 인터넷 실명제 실시는 헌법 정신에 어긋난다고 생각합니다.

반대 측

둘째, 인터넷 실명제를 실시하면

반대 측

개인의 정보가 유출_{귀중한 물품이나 정보 따위가 불법적으로 나라나 조직의 밖으로 나가 버림} 될 위험이 커지고, 인터넷 사용자 수가 줄어들 우려가 있습니다. 실명 확인을 위해 개인 정보를 등록해야 하는데, 누군가 그 정보를 빼내 악용하면 많은 사람이 피해를 볼 수 있습니다.

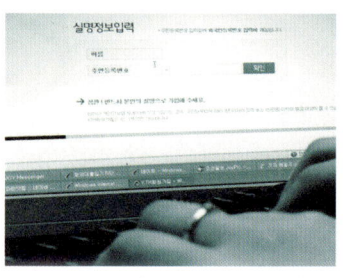

출처: 한국인터넷진흥원

셋째, 인터넷 이용자 개개인의 개성이 무시되기 쉽습니다. 인터넷 실명제를 실시하면 가상의 이름, 아이디, 닉네임 등을 사용할 수 없게 됩니다. 많은 사람이 이런 것을 통해 자신의 개성을 드러내고 싶어 합니다. 하지만 인터넷 실명제 때문에 이런 개성 표현의 욕구가 억눌리기 쉽습니다.

이상 세 가지 이유로 인터넷 실명제는 불필요하다고 주장합니다. 반대 측 입론을 마칩니다.

사회자

반론을 위한 작전 타임을 갖겠습니다. 시간은 1분입니다.

3단계 1차 작전 타임 – 1분

첫 번째 작전 타임을 마치겠습니다. 입론은 찬성 측부터 했으므로 반론은 먼저 반대 측 주도로 하겠습니다. 각 팀에 주어진 시간은 5분입니다.

4단계 반대 측 주도 반론하기 – 5분

찬성 측에서 인터넷 실명제를 실시하면 자신의 이름이 밝혀지므로 다른 사람을 의식하여 글을 더욱 신중하게 쓰게 된다고 했습니다. 그러나 인터넷상에서 자신의 생각을 표현하는 사람들 수가 줄어들 것으로 예상됩니다. 따라서 다양한 의견이 오가는 사이버 토론문화가 크게 줄어들 것입니다. 〔반대 측 질문〕

인터넷상에서 자신의 의견을 내놓은 사람의 수보다는 그 내용이나 질이 중요하다고 생각합니다. 좋지 않은 물건 100개와 불필요한 물건 10개 중 어느 것에 표를 주시겠습니까? 〔찬성 측 답변〕

저희는 그것이 적절한 비유가 아니라고 봅니다. 악플을 무조건 불량품에 비유하는 것은 잘못이라고 생각합니다. 혹시 이에 대한 근거 자료를 가지고 있습니까? 〔반대 측 질문〕

자료는 가지고 있지 않지만 인터넷 실명제를 통해 예의 바르고 질서 있는 인터넷 문화를 만들 수 있다고 생각합니다. 반대 측에서도 동의할 것으로 믿습니다. 〔찬성 측 답변〕

저희는 인터넷 실명제를 반대하는 15개의 시민·사회 단체의 기자회견문을 인용하겠습니다. 이들은 사이버 폭력은 인터넷상의 익명성 어떤 행위를 한 사람이 누구인지 드러나지 않는 특성 때문이라기보다 사생활 보호 〔반대 측 질문〕

반대 측 질문	권에 대한 네티즌들의 인식 부족 때문이라 주장하고 있습니다. 대표적으로 과거에 있었던 '연예인 X 파일 사건'_{2005년 한 광고 기획사에서 광고 모델 대상이 되는 연예인들의 사생활 정보를 수집해 작성한 문서가 유출돼 인터넷에 퍼진 사건} 은 확인되지도 않은 개인의 사생활을 마구잡이로 수집하고 소홀히 관리한 작성자에게 일차적인 잘못이 있었습니다. 또한 이것이 널리 퍼진 것은 포털 사이트와 네티즌들의 잘못이라고 할 수 있습니다.

반대 측이 지적한 것처럼 일부 몰지각한_{질서나 예의를 지키려는 마음이 전혀 없는} 네티즌이나 사이트의 잘못으로 개인 정보가 유출돼 피해를 입힐 수 있다는 점은 인정합니다. 하지만《매일경제신문》에서 실시한 인터넷 여론조사에 따르면, 70%가 인터넷 실명제 도입에 찬성한다고 밝혔습니다. 표현의 자유에는 책임이 뒤따라야 하고, 책임이 없는 행위는 방종_{제멋대로 행동하여 거리낌이 없음} 일뿐입니다.

찬성 측 답변

우리 사회의 헌법 질서를 지켜내는 데 중요한 역할을 하는 헌법재판소에서 왜 인터넷 실명제가 위헌이라는 결정을 내렸을까요? 그만큼 민주주의 사회에서는 표현의 자유가 중요하다는 점을 보여주는 것이라고 생각합니다. 이상입니다.

반대 측 재반박

> 감사합니다. 다음은 찬성 측 주도로 반론을 시작해 주세요.

사회자

5단계 찬성 측 주도로 반론하기 - 5분

반대 측에서는 인터넷 실명제의 실시로 인해 헌법에서 보장하고 있는 표현의 자유가 침해될 수 있다고 했습니다. 하지만 저희는 꼭 실명을 감추어야만 의견을 자유롭게 말할 수 있다는 주장에 동의하지 않습니다.

찬성 측 질문

여러분들도 알다시피 인터넷은 본래 자유로운 공간입니다. 하지만 자신의 신분을 분명히 밝힌 채 자유롭게 생각을 표현하기는 어려운 일입니다. 자기의 이름을 고스란히 드러나는 상황에서 누가 어떤 사람이나 상황에 대해 비판적이고 부정적인 의견을 자유롭게 나타낼 수 있겠습니까?

반대 측 답변

반대 측 주장대로 민주주의 사회에서 표현의 자유는 절대적으로 존중되어야 합니다. 하지만 자유에는 조건이 있습니다. 어떤 조건일까요? 그것은 자신이 할 수 있는 것은 하되 다른 사람들의 권리를 침해해서는 안 된다는 것입니다. 따라서 정정당당하게 실명을 밝히고 자신의 의견을 펼치는 것이 옳다고 생각합니다.

많은 이들이 기억하다시피 과거에 유명 탤런트 고(故) 최진실 씨, 가수 유니 씨, 탤런트 정다빈, 설리 씨 등이 안타깝게도 자살했습니다. 이것은 모두 인터넷 악플과도 관련 있었습니다.

찬성 측 재반박

찬성 측 질문

반대 측에게 묻고 싶습니다. 개인의 생명이나 사생활의 자유가 더 중요합니까? 아니면 표현의 자유가 더 중요합니까?

반대 측 답변

악성 게시물이나 악플로 인해 자살하거나 사생활에 피해를 버는 경우는 극히 일부일 뿐입니다. 반면에 우리 사회를 건강하고 풍요롭게 만드는 데 필수적인 표현의 자유는 많은 사람에게 꼭 필요한 것이라고 생각합니다.

찬성 측 답변

반대 측 주장대로 다수가 아닌 소수만이 피해를 본다고 해서 인터넷 실명제를 반대하는 것은 매우 위험한 생각이라고 봅니다. '쇠사슬 전체의 힘은 가장 약한 연결 고리에 걸린 힘과 같다.'는 코난 도일의 말처럼 우리 사회의 구성원들이 피해를 보고 있는 요소가 있는데도 불구하고 그대로 내버려 두는 것은 절대로 찬성할 수 없습니다.

반대 측 재반박

헌법재판소에서 인터넷 실명제가 필요하다는 주장이 헌법에 위배된다는 결정을 한 이유가 어디에 있겠습니까? 다시 한번 생각해 보시기 바랍니다.

찬성 측 답변

헌법재판소에서 이미 위헌이라는 결정을 내려졌지만 아직도 이 문제를 두고 논란이 뜨거운 것은 인터넷 실명제가 우리 사회에 꼭 필요하다는 증거라고 생각합니다. 이상으로 찬성 측 반론을 마칩니다.

생각이 꽃피는 토론 1

이제 두 번째 작전 타임 시간을 갖겠습니다. 시간은 1분입니다.

6단계 2차 작전 타임 – 1분

2차 작전 타임을 마칩니다. 최종 변론은 찬성 측부터 하겠습니다. 각 팀에 주어진 시간은 3분입니다.

7단계 찬성 측 최종 변론 – 3분

반대 측은 익명성이 보장되어야만 표현의 자유가 주어지고 개성이 존중되며 개인 정보 유출을 막을 수 있다고 주장합니다. 하지만 일상생활에서 일정한 질서와 예절이 필요한 것처럼, 인터넷상에서도 타인의 권리를 침해해서는 안 된다는 규칙이 절대적으로 필요합니다. 그리고 이런 규칙이 지켜지기 위해서는 실명제가 반드시 필요합니다. 잔인한 악플들이 많은 연예인의 자살을 불러왔던 사실을 우리는 기억합니다. 하나밖에 없는 고귀한 인간의 생명과 표현의 자유라는 권리 중에 여러분들은 어떤 것을 선택하겠습니까? 떳떳하게 이름을 밝히고 자신의 주장을 펼칠 수 있는 사회를 만드는 것이 중요합니다.

한 시민단체의 청소년 유해환경감시단이 지역 중·고등학생 332명을 대

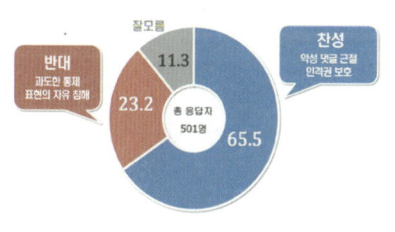

인터넷 (댓글) 실명제 찬반, 출처: 리얼미터(2019)

찬성 측

상으로 설문 조사를 벌인 결과 63.3%가 악플을 경험한 적이 있다고 했습니다. 또한 2019년 리얼미터 조사에 의하면 인터넷 (댓글) 실명제에 대해서는 찬성이 65.5%, 반대 의견이 23.2%로 나타났습니다. 위 통계에서 보듯 인터넷 실명제가 악성 댓글을 근절하고 개인의 인격권을 보호할 거라고 생각합니다. 이상입니다.

사회자

예, 감사합니다. 다음은 반대 측에서 최종 변론을 시작해 주세요. 시간은 역시 3분 이내입니다.

8단계 반대 측 최종 변론 – 3분

반대 측

출처: 전자신문

인터넷에서 익명성을 보장하는 것은 개인의 의견과 사상을 자유롭게 표출하고 전파할 수 있다는 점에서, 넓게 보면 언론의 자유를 발전시키는 데 도움이 된다고 생각합니다. 특히 사회적 약자나 소수자에게 말 길을 열어 주는 역할을 합니다.

찬성 측에서는 인터넷 실명제를 실시하지 않으면 사이버 폭력이 자라날 수 있다고 주장하고 있습니다. 하지만 저희는 오히려 개인 정보가 과도하게 노출되고 익명성이 온전히 보장받지 못하는 제도에 문제가 있다고 생각합니다.

네티즌 개개인을 '잠재적 겉으로 드러나지 않고 숨은 상태로 존재하는 범죄자'로 보고 개개인의 자기 검열_{자기 자신의 표현을 스스로 통제하는 것}을 강요하는 인터넷 실명제는 법적인 정당성이 부족합니다. 따라서 인터넷 실명제 실시에 반대합니다.

2012년 8월 23일 헌법재판소 재판관의 만장일치로 위헌 결정된 인터넷 실명제 폐지의 참뜻을 깊이 생각해 보아야 할 것입니다. 이상입니다.

반대 측

이상으로 최종 변론을 모두 마쳤습니다. 그러면 판정인이 판정을 해 주시겠습니다.

사회자

9단계 판정 이유과 판정 결과 발표

입론 단계에서 찬성 측은 인터넷 실명제를 실시하면 자신이 올리는 댓글에 책임감을 갖게 되고, 저작권 침해를 최소화할 수 있을 뿐 아니라, 인터넷 문화의 신용도가 높아질 것이라는 주장을 펼쳤습니다. 그리고 반대 측은 인터넷 실명제로 인해 개인의 자유가 침해되고 개인 정보 유출이 심할 뿐만 아니라 개개인의 개성이 무시된다고 주장했습니다. 인터넷 실명제 시행에 대해 토론할 때 꼭 다루어야 할 쟁점들을 짚어 내는 데는 반대 측이 좀 더 우수했습니다. 특히 표현의 자유가 침해될 수 있다는

판정인

판정인

비정상회담 상정 안건 사례, 출처: JTBC(2014)

강력한 근거는 찬성 측 근거보다 더 구체적이고 설득력이 있었습니다.

반론 단계에서 찬성 측은 인터넷 악플 때문에 생기는 피해 사례를 구체적으로 잘 들었습니다. 반대 측에서는 찬성 측이 주장하는 사이버 폭력의 원인이 인터넷상의 익명성에 있다기보다는 사생활 보호권에 대한 네티즌들의 인식 부족과 포털사이트의 잘못에 있다고 반박했습니다. 그리고 그 예로 '연예인 X파일 사건'을 들었습니다. 이때 찬성 측에서는 "《매일경제신문》에서 실시한 인터넷 여론조사에 따르면, 70%가 인터넷 실명제 도입에 찬성한다."는 다소 평범하고 질문에 딱 들어맞지 않은 통계 자료를 인용하고 말았습니다.

최종 변론 단계에서는 "찬성 측에서는 하나밖에 없는 고귀한 인간의 생명과 표현의 자유라는 권리 중에 여러분들은 어떤 것을 선택하겠습니까? 떳떳하게 이름을 밝히고 자신의 주장을 펼칠 수 있는 사회를 만드는 것이 중요합니다."라는 호소력 있는 주장을 펼쳤습니다. 시각적으로 이해하기 쉽도록 그래프를 제시하면서 설득하기 위해 노력했습니다. 한편 반대 측에서는 "인터넷에서 익명성을 보장하는 것은 개인의 의견과 사상을 자유롭게 표출하고 전파할 수 있다는 점에서, 넓게 보면 언론의 자유를 발전시키는 데 도움이 된다고 생각합니다. 특히 사회적 약자나 소수자에게 말 길을 열어주는 역할을 합니다. 찬성 측에서는 인터넷 실명제를 실시하지 않으면 사이버 폭력이 자라날 수 있다고 주장하고 있습니다. 하지만 저희는 오히려 개인 정보가 과도하게 노출되고 익명성이 온전히 보장받지 못하는 제도에 문제가 있다고 생각합니다. 네티즌 개개인을 '잠재적 범죄자'로 보고, 개개인의 자기검열을 강요하는 인터넷 실명제는 법적인 정당성이 부족합니다. 따라서 "인터넷 실명제 실시에 반대합니다."라며 논제의 핵심을 꿰뚫는 주장을 펼쳤습니다.

이번 토론은 디베이트의 꽃인 반론 단계에서 반대 측의 예리한 질문에 다소 무디게 답변을 내놓은 찬성 측이 약점을 드러냈습니다. 또한 최종 변론에서도 반대 측이 확실한 주장과 근거로 토론자들을 압도했습니다. 그래서 이번 디베이트에서는 반대 측이 승리했습니다. 최선을 다해 디베이트에 참여한 양 팀에게 칭찬을 보냅니다. 수고했습니다.

판정인

06 안락사, 인정해야 할까?

인정해야 해요
사람은 고통을 앞에 '편안한 죽음'을 요청할 수 있어야 하고 특히 심한 질병으로 목숨을 끊을 수도 없는 사람에게 안락사를 막는 것은 신체장애인들에 대한 차별대우예요.

인정할 수 없어요
안락사 허용은 더 살 수 있는 사람을 죽음으로 내모는 위험한 일이고, 자살은 불법이 아니지만 자살을 돕는 것은 불법이에요.

우리 사회 뜨거운 감자 '안락사'에 대해 토론해 보자!

이번 논제는 생명의 탄생과 더불어 생명의 소멸인 죽음 중에서도 중환자에게 고통을 덜어주기 위해 인위적으로 환자를 사망에 이르게 하는 안락사에 대해 부모님이나 친구들과 함께 토론해 볼 수 있습니다. 도덕이나 국어, 사회 과목의 내용들과 관련 있기 때문에 통합교과 시간을 활용해서 신중하게 토론하면 좋습니다.

주제

2020년 한국인의 기대수명(향후 생존할 것으로 예상하는 수명)이 83세를 넘겼습니다. 의학의 발전으로 기대수명은 더 늘어날 것으로 예상하며 생을 어떻게 잘 마감하느냐가 사람들의 관심사로 떠올랐지요.

2021년 우리나라 사망자 31만 명 중 75% 가까이가 병원에서 숨졌다고 해요. 상당수는 다시 살아날 가능성이 희박함에도 생명 연장 치료를 받으면서 결국 죽음을 맞이했습니다. 고통을 덜기 위해 생명을 인위적으로 사망에 이르게 하는 의료 행위를 '안락사'라고 정의합니다. 환자의 임종 결정 시기와 방법을 제한하는 '연명의료 중단'보다 더욱 적극적인 방식이지요.

참고로 존엄사는 회복 가능성이 희박한 중환자나 임종을 앞둔 환자의 치료를 중단하는 행위를 의미합니다.

최근 해외 유명 인사뿐만 아니라 우리나라에서도 환자가 안락사를 선택해 이를 허용하는 나라까지 가게 된 내용을 취재한 책이 출판되어 화제가 되기도 했답니다. 이러한 논란 속에서 오늘은 안락사 제도를 허용해야 하는지 아니면 안락사 제도를 허용해서는 안 되는지를 놓고 열띤 토론을 벌이는 현장을 가 보겠습니다.

- **논제** : 안락사, 인정해야 할까?
- **토론 참여자** : 사회자, 찬성 측, 반대 측, 판정인

사회자

지금부터 '안락사, 인정해야 할까?'라는 논제를 가지고 디베이트를 시작하겠습니다. 먼저 입론 시간을 갖겠습니다. 찬성 측부터 입론해 주시고 이어서 반대 측이 입론하겠습니다. 정해진 시간은 각 측 5분 이내입니다. 시작해 주세요.

1 단계 찬성 측 입론 – 5분

찬성 측

저희는 '안락사, 인정해야 할까'라는 논제에 찬성합니다. 먼저 용어 정의를 하면 '안락사'라는 단어는 고대 그리스어의 '선한 죽음'이라는 단어에서 유래하였고, 강요의 안락사보다는 자발적인 안락사를 지칭하는 말로 사용하였습니다. 안락사란, 회복 가능성이 전혀 없다고 판정하며, 죽음만이 유일한 해결책이라고 여겨지는 환자의 상태를 전제로 하는 제도입니다. 찬성하는 이유는

첫째, 사람은 누구나 자신의 고통을 멈추기 위해 '편안한 죽음'을 요청할 수 있어야 합니다. 예를 들면, 암으로 고통받는 환자들이나 운동신경장애로 고통당하는 사람들이라면, 의사가 처방하는 치명적 약물 주사나 모르핀 과다복용을 통해서라도 그들이 사람답게 죽을 수 있도록 허용해야 합니다. 중병에 걸린 환자들이 치료의 마지막 단계에서 조금이나마 생명을 연장해 보려고 노력

하지만 오히려 육체는 더욱 쇠약해지고 고통은 더욱 커진다는 사실을 잘 알 것입니다.

둘째, 식물인간 상태로 인간다운 삶을 누리지 못하고 살아가는 사람들의 권리를 존중해야 합니다.

소극적 안락사	영양공급 등 연명치료 중단
적극적 안락사	임종에 가까운 중환자의 고통을 덜기 위해 약물을 주입해 사망하게 함
조력사	약물처방 등 의사의 도움을 받아 환자 본인이 직접 약물을 주입 또는 복용해 목숨을 끊은 방식
한국	2018년부터 '임종에 이르러 연명의료를 중단하는 것'을 합법화 함

예측하지 못한 사고로 식물인간이 되거나 식물인간 상태로 계속 살아갈 때 더 이상 생명을 연장하고 싶지 않다는 내용의 '사망 선택 유언서'를 쓰고 싶은 사람들도 있을 것입니다. 우리는 죽음에 대한 인간다운 삶을 누리지 못하는 그들의 마지막 바람을 존중해야 한다고 생각합니다.

셋째, 신체적 질병이 너무 심해 스스로 목숨을 끊을 수도 없는 사람에게 안락사하지 못하도록 하는 것은 신체장애인들에 대한 차별대우라고 생각합니다. 다른 사람들에게 있어서 자살이 불법이 아닌 데도 이러한 경우는 명백한 차별입니다. 안락사는 환자가 큰 고통 속에서 서서히 죽어가는 모습을 지켜보며 느껴야 하는 환자 가족들의 불필요한 슬픔을 막아주고, 환자의 마지막 소원인 죽음을 그 가족들이 이루도록 해주었음을 느끼며 위로를 얻게 해줍니다.

생명보조기를 제거한 후에 '자연스럽게' 죽어가는 사람들이 의식불명 상태나 식물인간 상태가 되면, 탈수 현상이 5일간 계속되

찬성 측

다가 죽음을 맞으면서 모든 신체 기관이 멎게 됩니다. 이런 경우, 안락사를 사용하게 되면 부모나 가족의 동의를 얻은 후에 그의 장기를 이식할 경향이 높아지게 됩니다.

간병인 루이자(에밀리 클라크)로 인해 젊은 사업가였던 전신마비 환자 윌(샘 클라플린)이 죽음을 선택하기까지의 6개월을 그린 이야기, <미 비포 유>의 한 장면.

따라서 안락사 즉 '의사의 도움을 받는 자살'은 허용되어야 하며, 위 세 가지 이유로 안락사는 반드시 인정해야 한다고 주장합니다. 이상 찬성 측 입론을 마칩니다.

사회자

감사합니다. 다음은 반대 측에서 입론을 시작해 주세요. 역시 발언 시간은 5분 이내입니다.

2단계 반대 측 입론 – 5분

반대 측

저희는 '안락사를 인정해야 한다'라는 논제에 반대합니다. 다시 말하면 안락사 제도를 허용해서는 안 된다는 것입니다. 용어 정의는 찬성 측과 동일합니다. 그러면 왜 안락사 제도를 반대해야 하는지에 대해 주장을 펼쳐보겠습니다.

첫째, 환자가 심한 고통을 당하고 있다고 하여도 의사의 역할은 병을 고치고 환자가 건강을 회복하도록 하는 것이지 환자를 죽이는 것은 아닙니다. 안락사가 아닌 진통제의 사용이야말로 고통스러운 불치병에 대한 해답입니다. 저희는 안락사를 인정해야 한다'라는 논제에 반대합니다. 다시 말하면 안락사 제도를 허용해서는 안 된다는 것입니다. 용어 정의는 찬성 측과 동일합니다. 그러면 왜 안락사 제도를 반대해야 하는지에 대해 주장을 펼쳐보겠습니다.

> 주로 가톨릭 전통이 뿌리 깊은 나라들은 적극적 안락사를 강하게 반대합니다. 2022년 2월, 이탈리아에선 조력 자살 합법화 논의가 있었지만 결국 무산됐습니다. 당시 프란치스코 교황은 '일반 알현'을 주례하는 자리에서 반대 의견을 표명했습니다. 결국 이탈리아 헌법재판소는 전원회의 심리 끝에 이를 받아들이지 않기로 했습니다.
>
> 영국에서도 조력 자살 법안이 네 차례나 의회에 올라갔지만 번번이 부결됐습니다. 종교계 지도자들이 생명윤리에 어긋난다며 강하게 반대했기 때문입니다.
>
> 중국이나 일본을 비롯한 대부분의 아시아 국가도 적극적 안락사를 불법으로 규정합니다. 우리나라에서도 적극적 안락사는 불법입니다.

첫째, 환자가 심한 고통을 당하고 있다고 하여도 의사의 역할은 병을 고치고 환자가 건강을 회복하도록 하는 것이지 환자를 죽이는 것은 아닙니다. 안락사가 아닌 진통제의 사용이야말로 고통스러운 불치병에 대한 해답입니다. 둘째, 안락사를 허용한다는 것은 앞으로 몇 년은 더 살 수 있는 사람을 죽음으로 몰아가는 위험스러운 일입니다. 의식불명이나 식물인간 상태에 있던 사람들이 1개월 이상이 지난 후에 다시 의식을 되찾게 되었다는 사례를 들은 적이 있습니다. 또한 불치병을 앓던 환자들이 기적적으로 회복되는 일도 있습니다. 안락사를 허용하는 것은 판사의 잘못된 선고로 인한 사형집행처럼 그 실수의 대가가 너무 큽니다. 누군가의

반대 측

고통을 덜어주려다가 그 여파로 죽게 만드는 것과 의도적으로 그 사람을 죽게 만드는 것은 본질적으로 다른 이야기입니다. 의사에게 환자를 죽일 수 있도록 허용하거나 이를 요구해서는 절대로 안 됩니다.

셋째, 자살은 불법이 아니지만 자

주요 국가별 안락사 시행 현황(2019년) 출처: 서울신문

살을 돕는 것은 불법입니다. 만약 이러한 행위를 허용하게 되면 곧바로 심각한 학대 위험의 문제가 제기될 것입니다. 재산 상속 문제나 부족한 의료물자 문제를 벗어나기 위해 환자를 없애려는 부도덕한 의사나 지인들의 수단으로 악용될 수 있습니다. '죽을 수 있는 권리' 같은 것은 말도 안 되는 이야기입니다. 자살은 어떤 것으로도 정당화될 수 없으며, 다만 자살을 시도했다가 실패한 사람들에게 사형선고를 내리는 경우의 사례 같은 어리석은 상황에서만 합법적입니다.

그리고 어떤 사람의 장기를 이식수술에 사용하기 위한 목적으로 안락사를 시행한다는 것은 도덕적으로 모순된 일입니다. 그냥 인간의 장기를 의학 재료로 부당하게 사용하려는 또 다른 구실에 불과합니다. 이상 세 가지 이유로 안락사는 허용되어서는 안 된다고 주장합니다. 이상으로 반대 측 입론을 마칩니다.

사회자

다음은 작전타임을 갖겠습니다. 입론을 통해 경청했던 내용들을 중심으로 질문하고 답변하는 반론 시간에 필요한 생각을 정리하는 시간입니다. 시간은 1분입니다.

3단계 1차 작전 타임 – 1분

1분이 지났으므로 첫 번째 작전 타임을 마칩니다. 입론은 찬성 측부터 했으니까 공평하게 반론은 먼저 반대 측 주도로하고 이어서 찬성 측 주도로 진행하겠습니다. 각 팀에게 주어진 시간은 5분씩입니다. 자, 반대 측부터 시작해 주세요.

4단계 반대 측 주도 반론하기 – 5분

사람이 살고 죽는 것은 여러분들도 알고 있는 것처럼 인간이 결정할 문제가 아닙니다. 적극적 안락사나 소극적 안락사를 허용하면 생명을 가볍게 여기는 일이 자주 일어날 것이 뻔합니다. 생명은 살아 있다는 것 자체로 충분한 가치가 있습니다.

누구나 자신의 삶을 인간답게 마무리할 권리가 있습니다. 이는 곧 생명 결정권은 본인에게 있다는 것입니다. 소생 가능성이 없는 상태에서 엄청난 고통을 받으면서 육체적 생명만을 연장하는 것은 과연 인간다움 삶이라고 할 수 있을까요? 이제는 무의미한 연명치료를 멈추고 품격 있는 죽음을 맞이하고자 하는 환자 개인의 의지를 존중해 안락사를 허용해야 한다고 생각합니다.

반대 측 질문

찬성 측의 소생 가능성이 없다는 주장에 동의하지 않습니다. 의사들에게 물어보거나 여러분들도 주변에서 알고 있는 것처럼 의학적으로 소생 가능성이 0%라는 것은 성립하지 않지만, 현실적으로 살 가능성이 없다고 의사는 판단할 수 있을 것입니다. 지난 2009년, 가족의 요청으로 법원의 승인을 얻어 김 할머니의 인공호흡기를 떼는 소극적 안락사를 시행했으나, 김 할머니는 10여 개월을 스스로 살았습니다.

찬성 측 답변

죽을 확률이 100%일 수 있으니, 살 확률도 0%일 수 없습니다. 하지만 환자와 환자의 가족에게 기약 없는 희망을 주는 것 또한 무책임한 태도입니다. 환자의 명확한 의사표시나 가족과 의사의 동의 등 절차적 요건을 잘 갖춰 안락사를 허용한다면, 환자의 생명권이 함부로 무시당하는 경우는 피할 수 있을 것입니다.

반대 측 질문

찬성 측은 생명을 선택할 기회를 본인에게 주자는 주장인 것 같습니다. 그런데 안락사를 결정하는 주체가 환자가 아닌 경우도 많다는 사실을 알고 있습니까? 뇌사나 식물인간 상태의 환자는 의식이 없으므로 직접적인 의지를 반영하는 데 어려움이 있을 것입니다.

찬성 측 답변

예, 저희도 반대 측의 지적에 일부 동의합니다. 즉 가능한 환자 스스로 안락사를 결정하도록 해야 한다는 것입니다. 앞서 인용했던 김 할머니 사건에서 대법원은 존엄사를 허용하라고 판결했고 환자의 의사를 추정할 수 있는 기준을 마련한 바 있습니다. 환자가 평소 일상생활을 통해 내비쳤던 의사, 환자의 종교 생활, 삶의 자세 등을 생각해 존엄하게 죽기를 원한다는 의지가 인정되면 존엄사를 허용할 수 있다고 생각합니다.

이상적으로는 그렇게 생각할 수 있습니다. 그렇지만 실제로 식물인간 상태가 되면, 환자의 죽음을 결정하는 권리는 환자가 아닌 그 가족에게 돌아갑니다. 이러한 엄연한 상황을 생각할 때 다른 사람의 생명을 결정한다는 것 자체가 매우 위험하다고 생각합니다.

감사합니다. 다음은 찬성 측에서 반론을 시작해 주세요. 역시 주어진 시간은 5분 이내입니다.

5단계 찬성 측 주도 반론하기 – 5분

만약 사고로 인해 한 달간 병원에 입원해 있다면 우리는 커다란 고통을 느낍니다. 하물며 말기 암이나 불치병으로 몇 년을 투병하며, 생명을 이어가는 환자와 그 모습을 지켜볼 수밖에 없는 가족의 고통을 일반 사람들은 어떻게 이해할 수 있을까요? 극심한 마음의 고통을 받아들이면서 무의미한 치료에 매달려 엄청난 의료비를 부담하는 가족들은 경제적으로 큰 고통을 받게 됩니다. 안락사를 허용한다면 환자 자신뿐 아니라 보호자의 고통까지 덜어줄 수 있습니다.

안락사를 찬성하는 측은 안락사 허용 근거로 경제적인 문제

반대 측 답변

를 이야기합니다. 찬성 측에서 지적한 것처럼 나아질 가능성이 거의 없는 환자의 치료에 매달리느라 가족들이 겪게 되는 경제적인 부담은 충분히 이해합니다. 그렇다고 해서 안락사를 허용하는 것이 과연 옳은 일일까요? 이는 하위 가치인 재정적인 문제로 민주주의의 최고 가치인 인간의 존엄성을 포기하는 생명 경시 풍조를 조장할 수 있습니다. 환자 가족의 경제적인 부담은 의료비 지원 정책 등 다른 방법으로 해결해야지, 치료 중단과 같은 극단적인 조치로 해결하려는 것은 결코 동의할 수 없습니다.

찬성 측 질문

반대 측에서는 안락사 허용이라는 선한 의도로 시작되었을 때 구체적으로 어떤 부작용이 발생할 것이라고 보시는지요?

반대 측 답변

죽음을 앞둔 환자 가족이라도 서로 반대되는 입장을 보이고 있습니다. 이번에는 안락사를 허용하면 이 제도가 악용될 것이라는 걱정에 대해 생각해 봐야 합니다. 선한 의도로 시작되었다고 하더라도 시간이 흐를수록 그 목적이 변질되어 악용하는 사례는 현실에서 많이 찾아볼 수 있습니다. 보호자가 환자의 재산을 욕심냈거나 평소 환자에게 좋지 않은 감정을 품었다면 안락사를 가장한 살인도 일어날 수 있습니다.

찬성 측 재반박

그런 불법행위는 이를 강력히 처벌하겠다는 국가의 의지로 해결할 수 있다고 봅니다. 장기 밀매 문제 또한 꼭 부정적으로만 바라볼 필요는 없습니다. 오히려 안락사가 법제화되면 안락사를 결정한 환자나 환자 가족의 뜻으로 장기 기증이 활발하게 이루어질

여건이 마련될 수 있다고 생각합니다. 그렇게 된다면 오히려 수많은 이들이 새로운 생명을 얻을 수 있는 효과를 얻을 수 있을 것입니다.

안락사를 허용하는 대신, 죽음을 앞둔 환자를 정성껏 보살펴 편안한 죽음을 맞이할 수 있게 돕는 호스피스 제도가 효과적으로 이용되면 좋겠습니다. 대부분의 경우 아직 자원봉사자에게 의존하고 있고, 개별 사업자가 소규모로 운영해 이 제도의 혜택을 받을 수 있는 분들이 적은 것이 현실입니다. 하지만 호스피스 제도를 국가가 적극적으로 도입해 운영한다면, 안락사 없이도 편안하게 죽음을 맞이할 수 있을 것입니다.

저희는 안락사를 허용하되, 장기 기증 캠페인도 활발히 벌여서 안락사가 수많은 사람에게 새로운 생명을 부여하는 제도로 자리 잡았으면 좋겠습니다. 물론 기본적으로 안락사에 대한 조건과 절차를 매우 엄격하게 정해야 할 것입니다.

저희도 반대 측의 주장처럼 사람의 생명과 존엄성을 해치지

찬성 측 답변

않는 한도에서 안락사를 허용해야 한다고 생각합니다. 환자뿐만 아니라 가족들과 우리 사회 구성원 모두의 행복과 안전을 고려해서 안락사 제도를 마련해야 할 것입니다.

반대 측 재반박

환자 가족의 재정적 부담을 이유로 안락사를 주장해서는 안 된다고 생각합니다. 국회에서 의료비 지원 체제를 법제화해서 환자와 그 가족이 겪고 있는 의료비 부담을 줄일 방안을 마련해야 할 것입니다.

찬성 측 답변

이상으로 찬성 측 주도로 했던 반론을 마칩니다.

사회자

다음은 두 번째 작전 타임을 갖겠습니다. 자기가 주장할 내용들을 재구조화해서 자신의 주장을 확실하게 각인시키는 최종 변론 단계에 필요한 생각을 정리하는 시간입니다. 시간은 1분입니다.

6단계 2차 작전 타임 - 1분

1분이 지났으므로 이상으로 2차 작전 타임을 마칩습니다. 반론은 먼저 반대 측 주도로 하고 이어서 찬성 측 주도로 진행했으므로 최종 변론은 찬성 측부터 하겠습니다. 각 팀에게 주어진 시간은 3분씩입니다. 자, 찬성 측부터 시작해 주세요.

7단계 찬성 측 최종 변론 – 3분

사람들은 누구나 자신의 고통을 멈추기 위해 '편안한 죽음'을 요청할 수 있어야 합니다. 예를 들면, 암으로 고통을 받는 환자들이나 운동신경장애로 고통을 당하고 있는 사람들이라면, 의사가 처방하는 치명적 약물 주사나 모르핀 과다복용을 통해서라도 그들이 사람답게 죽을 수 있도록 허용해야 합니다. 그리고 1942년 이후 스위스에서는 자국인이나 외국인에게도 타인의 도움에 의한 죽음을 허용했습니다.

2021년 서울대학병원이 조사한 설문 결과에 의하면 전 국민의 76%가 안락사나 의사 조력 자살에 대해 찬성했습니다. 이는 2016년 41%에서 5년 만에 큰 폭으로 오른 것입니다. 식물인간 상태로 인간다운 삶을 누리지 못하고 살아가는 사람들의 권리를 존중해야 합니다. 예측하지 못한 사고로 식물인간이 되거나 식물인간 상태로 계속 살아갈 때 더 이상 생명을 연장하고 싶지 않다는 내용의 '사망 선택 유언서'를 쓰고 싶은 사람들도 있을 것입니다. 또한, 신체적인 질병이 너무 심해 스스로 목숨을 끊을 수도 없는 사람에게 안락사를 하지 못하도록 하는 것은 신체장애인들에 대한 차별대우라고 생각합니다. 다른 사람들에게 있어서 자살이 불법이 아닌 데도 이러한 경우는 명백한 차별입니다.

안락사는 환자가 큰 고통 속에서 서서히 죽어가는 모습을 지켜보며 느껴야 할 환자 가족들의 고통스러운 슬픔을 막아주고, 환자의 마지막 소원인 죽음을 가족이 이루도록 해줌으로써 위로를 얻게 해줍니다. 따라서 안락사 즉 '의사의 도움을 받는 자살'은 허용되어야 합니다.

사회자: 예, 감사합니다. 다음은 반대 측에서 최종 변론을 시작해 주세요. 시간은 역시 3분 이내입니다.

8단계 반대 측 최종 변론 – 3분

반대 측: 환자가 심한 고통을 당하고 있다고 하여도 의사의 역할은 병을 고치고 환자가 건강을 회복하도록 하는 것이지 환자를 죽이는 것은 아닙니다. 안락사가 아닌 진통제의 사용이야말로 고통스러운 불치병에 대한 해답입니다. 또한 안락사를 허용한다는 것은 앞으로 몇 년은 더 살 수 있는 사람을 죽음으로 몰아가는 위험스러운 일이 될 수 있습니다. 의식불명이나 식물인간 상태에 있던 사람들이 1개월 이상이 지난 후에 다시 의식을 되찾게 되었다는 사례를 들은 적이 있습니다. 자살은 불법이 아니지만 자살을 돕는 것은 불법입니다. 만약 이러한 행위를 허용하게 되면 곧바로 심각한 학대 위험의 문제가 제기될 것입니다. 재산상속 문제나 부족한 의료물자 문제를 벗어나기 위해 환자를 없애려는 부도덕한 의사나 지인들의 수단으로 악용될 수 있습니다.

임종을 앞둔 말기 암 환자가 존엄한 죽음을 맞도록 돌보는 '호스피스'병상과 운영인력도 턱없이 부족합니다. 암 환자의 23%만이 이를 이용했습니다. 더 이상 치료 방법이 없는 환자들의 경우 진통제 처방을 하는 게 전부이기 때문에 품위 있게 생을 마감할 권리를 뒷받침할 제도적 장치가 미미합니다. 마지막 삶을 의미 있게 만들어 주는 '웰다잉'을 제도화할 필요가 있습니다. 아까 찬성 측에서 발표한 2021년 서울대학병원의 설문 조사 결과는 넓은 의미의 웰다잉을 위한 법제화가 필요하다고 응답한 사람들의 비율이 무려 85.9%라는 것을 저희도 알고 있습니다.

'죽을 수 있는 권리' 같은 것은 말도 안 되는 이야기입니다. 자살은 정당화 할 수 없으며, 다만 자살을 시도했다가 실패한 사람들에게 사형선고를 내리는 것입니다. 따라서 저희는 안락사 허용에 반대합니다.

이상으로 반대 측의 최종 변론을 모두 마쳤습니다. 그러면 판정인이 판정을 해 주시겠습니다.

9 단계 판정 이유와 판정 결과 발표

입론인 주장 펼치기 단계에서는 찬성 측과 반대 측 모두 주장에 대한 적절한 근거들을 모두 잘 제시했습니다. 안락사 허용에 대한 찬성 측의 주장과 안락사 반대에 대한 반대 측의 주장이 모두 탄탄했습니다.

반론 단계에서는 반대 측에서 찬성 측을 향해 "안락사를 결정하는 주체가 환자가 아닌 경우도 많다는 사실을 알고 있습니까? 뇌사나 식물인간 상태의 환자는 의식이 없으므로 직접적인 의지를 반영하는 데 어려움이 있을 것입니다."라는 질문을 던졌습니다. 이에 대해 찬성 측에서는 "가능한 환자 스스로 안락사를 결정

> 판정인

하도록 해야 한다는 것입니다. 앞서 인용했던 김 할머니 사건에서 대법원은 존엄사를 허용하라는 판결을 했고 환자의 의사를 추정할 수 있는 기준을 마련한 바 있습니다. 환자가 평소 일상생활을 통해 내비쳤던 의사, 환자의 종교 생활, 삶의 자세 등을 생각해 존엄하게 죽기를 원한다는 의지가 인정되면 존엄사를 허용할 수 있다고 생각합니다."라고 답변했습니다. 찬성 측에서 폭넓게 연구했던 근거로 설득해서 점수를 많이 얻었습니다.

찬성 측에서는 반대 측을 향해 "극심한 마음의 고통을 받아들이면서 무의미한 치료에 매달려 엄청난 의료비를 부담하는 가족들은 경제적으로 큰 고통을 받게 됩니다. 안락사를 허용한다면 환자 자신뿐 아니라 보호자의 고통까지 덜어줄 수 있습니다."라고 경제적인 측면을 부각했습니다. 이러한 질문에 대해 반대 측에서는 "가족들이 겪게 되는 경제적인 부담은 충분히 이해합니다. 그렇다고 해서 안락사를 허용하는 것이 과연 옳은 일일까요? 이는 하위 가치인 재정적인 문제로 민주주의의 최고 가치인 인간의 존엄성을 포기하는 생명 경시 풍조를 조장할 수 있습니다. 환자 가족의 경제적인 부담은 의료비 지원 정책 등 다른 방법으로 해결해야지, 치료 중단과 같은 극단적인 조치로 해결하려는 것은 결코 동의할 수 없습니다."라고 명쾌하게 답변했습니다. 이때 반대 측에서는 인간의 존엄성은 환자뿐만 아니라 가족들의 존엄성에 초점을 맞추어서 힘주어 말했다면 더욱 설득력이 있었을 것이라는 아쉬움이 있습니다.

최종 변론 단계에서는 찬성 측과 반대 측 모두 2021년 서울대학병원의 설문 조사 결과를 인용해서 매우 인상적이었습니다. 하지만 이때 반대 측보다 찬성 측에서 더욱 구체적으로 광의의 '웰다잉'을 주장했더라면 훨씬 좋았을 것이라고 생각합니다. 즉 호스피스와 연명의료(결정 제도)를 확대하고 유산기부, 장기 기증, 마지막 소원 이루기 등 남은 삶을 의미 있게 만들어 주는 내용들입니다. 반대 측에서 "54세에 담도암 말기 판정을 받아서 각종 항암치료를 받다가 사망한 남편이 살아생전 아무리 아파도 죽고 싶다고 말한 적이 없었고 오래 옆에 있어 주지 못해 미안해했고 남편이 떠난 후에 사별 우울증으로 정신과 치료와 죽을 고비를 몇 번이나 겪었다."라는 사례를 이용했다면 훨씬 울림이 있었을 것입니다.

따라서 이번 디베이트는 찬성 측이 승리했습니다. 그 이유는 디베이트의 꽃인 반론 단계에서 상대측 주장의 허점을 잘 지적해서 질문했던 찬성 측이 우세했고 최종 변론 단계에서도 안락사로 인한 유가족이나 환자의 아픔을 강하게 제시하지 못한 반대 측이 점수를 잃었기 때문입니다. 이제까지 최선을 다해 디베이트에 참여한 양 팀에게 칭찬을 보냅니다. 수고했습니다.

판정인

도서출판 이비컴의 실용서 브랜드 **이비락**㊛은 더불어 사는 삶에 긍정의 변화를
줄 유익한 책을 만들기 위해 노력합니다.

원고 및 기획안 문의 : bookbee@naver.com